黄金

の

世界史

Worldhistoryofgold

黄金的世界史

增田义郎 / 著　　彭曦　唐菊媛　戚胜蓝 / 译

每川日中友好基金
The Racslowe Japan-China Friendship Fund

南京大学出版社

阅读日本书系编辑委员会名单

目录

序言 探求黄金的文化

发现图特卡蒙国王墓

　　人类从史前时代起就对黄金充满梦想，许多人为了淘金，不畏千辛万苦进入人迹未到的沙漠以及密林之中。到了近代，考古学家竭力在世界各地的废墟探寻古代遗址，希望发现极尽奢华的昔日帝王的黄金宝藏，然而找到宝藏的人极少。不过，幸运的成功者因此获得了巨大的财富。例如：

　　　　我想，这是最后一次发掘皇家之谷。之前一共挖过六次，都一无所获。连续几个月不停地作业，什么也没有发现。那个时候会有多么绝望，只有考古学家才知道。我觉得已经没有什么指望了，甚至想过做撤退的准备，把东西搬到什么地方去。但就在最后使劲用铁锹挖下去的那一瞬间，出现了无论如何都想象不到的情况。

　　霍华德·卡特这样来讲述决定他命运的那一瞬间。
　　1922 年 10 月 28 日，卡特前往达卢克索，于 11 月 4 日抵达挖掘现场。当时作业已经停下来了。他感到一种异样的寂静，意识到发生了什么。果然，人们发现了岩石上的阶梯。卡特顿时兴奋不已。终于发现王墓了！到了 11 月 5 日下午，埋在被凿开处的大量杂物被彻底清除，阶梯上方四隅的轮廓清晰地浮现了出来。
　　但不能高兴得太早，因为就算发现了王墓，也不能保证墓没有被人盗过。这种情况过去经常遇到。卡特按捺住兴奋，让工人一

图 1 卢克索王家之谷入口，图特卡蒙王家墓地发掘现场

级一级地往下挖，终于挖到有封印的入口处。那里刻着胡狼和 9 个俘虏的图像。这就是王墓！对于发掘者来说，这是无比兴奋的一瞬间。"我拼命克制自己的冲动，对自己说不要马上打开门去查看里面有什么。"卡特之所以拼命克制自己的强烈冲动，是因为他得到了加拿芬伯爵的援助，伯爵不到场，他不能将墓打开。但当时伯爵已经回到英国，在伯克希尔的海克利尔府邸里调养。卡特马上给他发了一封电报。

收到电报以后，伯爵带着女儿以最快的速度赶往发掘现场。当时还没有飞机航班，伯爵与前来迎接的卡特

图 2 加拿芬伯爵（右）与卡特

一同乘坐 11 月 23 日的火车抵达亚历山大。下了火车之后，离墓地还有 10 公里，他们一行三人又骑骡子继续前往。

发掘又重新开始了，11 月 26 日，发现了被封起来的第二道门。封印的字迹不如前面第一道门清晰，即便如此，还是可以看出刻的是"图特卡蒙"，因此可以判断它就是王家墓地。"这里有封起来的门，所有答案都藏在里面。"

　　将铺在门口路面的石子清除之后，门的整体轮廓清晰地出现在我们面前。决定命运的一瞬间到来了。我颤抖着在门的右上角挖了一个小洞，用铁制的探索棒试探了一下，没有一点反应，里面一片漆黑。也就是说，所试探之处什么也看不见。就连我们在前面清理过的路面上铺的东西也看不见。我们还担心里面会充满毒瓦斯，试着点燃了一根蜡烛放进去。加拿芬伯爵、伯爵女儿、卡雷达他们都站在我身边，想尽早知道里面的情况。一开始什么也看不见，热气从室内漏出，蜡烛的火光摇曳起来。我渐渐适应了黑暗，能看清房间里的详细情况了。有奇妙的动物塑像，遍地都是闪耀的黄金。在那一瞬间，我惊呆了。伯爵紧张得不行，非常担心地问道："看见什么了吗？"我好不容易缓过神来，回答道："看见宝物了。"然后，两人又把孔再挖大一点，用电筒照着往里面窥视。

随后，卡特、卡雷达、伯爵及其女儿四人进入墓室。卡特说："这恐怕是发掘史上最大的发现。"在长 7.5 米、宽 5 米、高 2.5 米的墓室内，有贴金箔的床、阿拉巴斯特制的壶、身着黄金裙子手持黄金杖的雕像等大约 7 百件遗留物。而且，那只不过是"等候室"（前室）。在墓室的北侧有一间屋顶高一点房间，那里摆放着埋葬图特卡蒙王的三重棺，周围散落着许多陪葬品。在"埋葬室"（玄室）的东侧还有一个宝库，那里摆放着金光闪闪的柜架。另外，在"等候室"西侧，也有一间附属的小房间。

对这四个房间中的遗物进行整理调查，大约花费了 10 年时间。在那期间，人们又发现了许多令人惊叹的遗物。

其中最重要的大概是图特卡蒙王的黄金面具。面具戴在图特

图3　图特卡蒙王的黄金面具

卡蒙王脸上，由两块金砖敲打成均匀的厚度，然后左右相拼，打制成象眼的造型。面具长 54 公分，重大约 10.23 公斤。图特卡蒙王被小心地安葬在玄室内的三重棺里。安放遗体的三重棺上都有极其精致的装饰。

三重棺摆在棺架上。最里侧的棺架上放着用赤色硅岩材料制成的金黄色的石棺，三个石棺呈王的身姿造型，严严实实地摆放在里面。在人物造型的石棺中，第一个和第二个上面都刻有浮雕。石膏底子上还贴有金箔。第三个石棺比其他两个要重得多，因为那是用纯金做成的。那要 8 个身材高大的人费很大力气才勉强能抬起来。

棺材长 1.88 米，是用厚厚的金块制成的，厚度有 0.25 至 0.37 公分。后来测出那有 11.4 公斤重。

在这里，还必须考虑作为埃及新王国第十八王朝（公元前 1539～公元前 1295 年）的图特卡蒙国王（公元前 1327～公元前

1318 年前后在位)的地位和实际状态。他是一个夭折的国王,在位的时期并不确定,只不过是介于埃赫那顿国王(公元前 1344～公元前 1328 年前后在位)与十九王朝的兰塞国王(公元前 1277～公元前 1213 年在位)之间的一个不太重要的国王。他之前的埃赫那顿国王实施过宗教改革,将太阳神阿托恩视为唯一的神;而兰塞国王曾经建设过阿布辛贝神殿。① 据称,图特卡蒙 19 岁去世,在位时间只有 10 年。由此而言,他恐怕是一个被周围亲戚以及心腹架空,没有实权的傀儡法老。就连这样一个国王的墓都是黄金宝库,可见第十八王朝的确是伟大法老的时代。图特摩斯三世以及阿蒙赫特普二世不断对外发动征服战争,将外国的财富集中到埃及。在那个荣华的时代,埋藏在那些法老墓中的掠夺来的黄金数量还不知有多少,我们不禁这样遐想。

印加的黄金

1832 年 11 月 15 日傍晚,弗朗西斯科·皮萨罗所率领的 168 名西班牙士兵抵达了秘鲁北部高原的一处山丘,从那里可以俯视卡哈马卡小镇。他们的目的是与阿塔瓦尔帕皇帝见面。当时,皇帝正在 3 万士兵的护卫下从印加帝国北部边境的基特镇前往首都库斯科。从山丘上放眼望去,卡哈马卡盆地对面一侧丘陵地带的斜坡上有着无数帐篷,士兵们在那里野营。西班牙士兵被延绵不断的帐篷吓呆了。他们下了很大的决心才从山丘上下来,进入卡哈马卡小镇。镇上不见人影,只有西班牙骑兵部队的马蹄声在大街上回响。随后,一行人在小镇旁边 3 幢空荡荡的房子里宿营,那 3 幢房子中间有一个很大的广场。

西班牙士兵下定决心要与印加军决一死战。但印加军人数是他们的 1 百多倍,所有西班牙士兵都因为恐惧而无法入睡,据称其中还有士兵吓出尿来了。阿塔瓦尔帕皇帝曾派人前往侦察,然后报告说西班牙士兵因为过于恐惧,都不敢从宿营地走到广场。阿塔瓦尔帕皇帝听到消息,完全放心了。

---

① 本书关于埃及史的年代,依据比尔·曼利(Bill Manley)的《古代埃及》。

图 4　弗朗西斯科·皮萨罗

天亮以后,阿塔瓦尔帕皇帝在部队的护卫下来到小镇上与西班牙人会面。广场上全是他的禁卫军,阿塔瓦尔帕皇帝的辇车停在中间,一个西班牙士兵都看不到。

其实,这是西班牙人设的一个圈套。

一个从军牧师从房子里走出来,向阿塔瓦尔帕皇帝靠近,先宣读了神的教诲,然后向他呈上祈祷书。阿塔瓦尔帕皇帝收下了祈祷书,但不明白究竟是怎么回事,于是将祈祷书扔到一边。牧师跑到皮萨罗那里报告了情况。皮萨罗提起剑带领 4 名部下向阿塔瓦帕尔皇帝猛冲过去,使劲拽住皇帝的右臂,同时发出了进攻命令。命令一发出,大炮声立刻响起,埋伏在那里的骑兵和步兵拿起刀剑向印加士兵冲去。印加士兵惊慌失措,一个个被西班牙士兵砍倒。在短短的半个小时里,就有 2 千名印加士兵被杀,剩下的人将阿塔瓦尔帕皇帝丢下逃跑了。于是,印加帝国就在一瞬间瓦解了。

被囚禁在牢房里的阿塔瓦尔帕皇帝很快就意识到西班牙人对黄金感兴趣。西班牙士兵佩德罗·皮萨罗在《发现征服秘鲁记》中记载如下:

> 第二天,阿塔瓦尔帕跟翻译说,他可以给皮萨罗很多黄金,希望皮萨罗不要杀他。皮萨罗听说之后,让人把阿塔瓦尔帕带到自己跟前,向他询问。阿塔瓦尔帕把之前对翻译说的话又重复了一遍。皮萨罗问他能给多少金银,阿塔瓦尔帕做

黄金的世界史

出承诺:作为赎金,将给皮萨罗所住房间相同体积的黄金,以及西班牙士兵宿营大房间 2 倍体积的白银。皮萨罗说:那的确是一份厚礼。他采纳了部下的建议,叫来记录员将阿塔瓦尔帕所说的话立字为据。

图 5 印加皇帝阿塔瓦尔帕与西班牙人。印加帝国被征服的第二年(1534 年),由塞维利亚出版的《征服秘鲁以及库斯科地区的真实报告》的扉页。

阿塔瓦尔帕立刻派人四处收集金银。当然,金银主要集中在首都库斯科,皮萨罗让公证人带上两名士兵前往库斯科。他们于 1533 年 2 月 15 日从卡哈马卡出发。6 月 13 日,皮萨罗就收到了从库斯科发出的第一批货物,有记录显示有"黄金 200 件,银 25 件"。

之后，金银陆续送到。那些金银都集中在一处，由印加人铸成条状。根据当时的记录，共计有黄金 132 万 6539 比索（6 吨多），白银 6 万 2259 比索（1.5 吨）。五分之一的黄金作为税缴纳给了西班牙国王，剩余的金银都被西班牙士兵瓜分了。

那一年的 11 月，西班牙人再次对印加的黄金进行了掠夺。他们获得了"赎金"，却给阿塔瓦尔帕皇帝加了几种罪名并将其处死。之后，西班牙士兵攻占首都库斯科，还对太阳神殿等宫殿进行了大肆掠夺。不用说，西班牙人主要就是为了掠夺黄金。他们把掠夺来的黄金集中运往一个叫做哈乌哈的小镇，在那里把黄金铸成条状。在库斯科，西班牙人攫取了卡哈马卡大约一半的黄金，掠夺的黄金总量多达 10 吨。

除了在卡哈马卡以及库斯科，其他地方也有许多黄金。运气好的西班牙人找到黄金，发了大财。传说有印加王族逃亡到亚马逊密林之中，建立了第二个黄金之乡。因此西班牙人曾几次组成探险队。后来，这种传说蔓延开来，不仅西班牙人，就连德国人以及英国人也经不起诱惑，完全不考虑后果跑到了亚马逊以及奥里诺科深处去探险。

征服埃尔·多拉多

在征服印加帝国之后，西班牙人又为探寻第二个黄金之乡而四处探险。埃尔·多拉多原本是"金箔人"的意思。当地住民传说哥伦比亚波哥大高原的酋长用金粉涂在身上，从竹排上跳进瓜塔维塔湖，将金粉洗尽，还将许多黄金制品扔到湖里做供品。因此，埃尔·多拉多成为黄金之乡的代名词。传说吸引了许多西班牙人。他们有的到智利，有的到北部的厄尔多瓦，有的到东部的亚马逊低洼地带，历经千辛万苦去探险。除此以外，还有人从南美的大西洋岸前往安迪诺地区探险。

在征服秘鲁 8 年前的 1524 年，西班牙人在南美北端建立起了一座名叫圣玛尔塔的小镇。总督费尔南德斯·德·卢戈听说南安迪诺山中有丰富的黄金，便组建了数百人的探险队，让毕业于萨拉曼卡大学的 36 岁的青年希门尼斯·德·克萨达担任队长。1536

年 4 月 5 日,克萨达带领队员从圣玛尔塔出发,在马格达莱纳河下游的密林中行进。他们不顾湿热和蚊虫叮咬,以及原住民还有猛兽的袭击。不久,他们走出了密林,来到了气候宜人的高原。村落的规模比以前所见到的要大,那里还有肥沃的玉米地。

其实,在西班牙人入侵之前,哥伦比亚的黄金文化比印加还要繁荣。那里出现了许多酋长制社会,形成了各具特色的文化。其中规模最大的要数穆伊斯卡族(别名奇布查族)的社会。穆伊斯卡不像印加那样拥有发达的国家组织,只是在神圣酋长斯帕下面有由战士、贵族、神官等构成的统治阶级,再下面则有工匠和农民从事劳作,形成了相当复杂的阶层社会,估计人口有 100 万。克萨达于 1537 年 3 月 27 日侵入穆伊斯卡的中心部落巴卡大(即后来的波哥大),但由于酋长斯帕闻讯脱逃,所以克萨达他们基本上没有什么收获。

西班牙人征服整个波哥大高原耗费了 1 年的时间,占领通哈部落酋长萨克的宫殿是他们最大的收获。西班牙人从萨克的居室以及仓库抢夺的黄金多达 13 万 6500 比索,折合 630 公斤。另外,还找到了大量绿宝石。

图 6　画家西奥多·德布里所作《黄金之乡》(16 世纪)

克萨达随后又向通哈东北部的斯加穆西神殿进发。斯加穆西是穆伊斯卡族的精神领袖,斯加穆西神殿是最神圣的地方。西班牙人将进行抵抗的穆伊斯卡人驱散,抵达巨大的木造神殿时已是深夜,探险队就在神殿前野营。然而,有两个士兵未等长官下令就迫不及待地举着火把闯入神殿内,不经意间引发了火灾,神殿持续烧了 5 天。西班牙人好歹从中抱出了大量的黄金。据称克萨达从萨克和斯加穆西掠夺了大约 800 公斤黄金。

　　克萨达知道穆伊斯卡族人拥有大量黄金,因此,他竭尽全力搜寻最大的黄金拥有者巴卡大的斯帕,并确定了斯帕的所在。在一个夜晚,克萨达对那里进行了袭击,但只发现了斯帕的尸体。尽管如此,克萨达仍然没有放弃,他抓到接替斯帕担任酋长的萨希帕,向他逼问宝藏的去向。萨希帕坚持拒绝招供。克萨达令人把他的双手绑在背后吊起来,用火烧他的足底进行严刑拷打。但萨希帕不肯屈服,最终被拷打致死。

　　在 1537 年下半年至第二年的上半年,西班牙人对波哥大盆地以及周边进行了掠夺,并于 1538 年 6 月对战利品进行了第二次分配。其中,缴纳给国王的五分之一税为纯金 3 万 8259 比索、9 克拉金①7257 比索、金铜合金 3690 比索。剩下五分之四的金银就由 289 人瓜分了。克萨达分到黄金 4766 比索,折合 2.2 公斤。西班牙人从穆伊斯卡掠夺的黄金多达 1 吨半,那证明第二黄金之乡的确存在过。

　　从以上的三个历史故事可以清楚地看出,人类在历史上就对黄金情有独钟,并不顾一切地去追求。

　　人类为什么对黄金如此执著呢? 对人类而言黄金又具有什么意义呢? 还有,黄金是如何左右人类历史的呢? 为了解答这些问题,在以下的章节中我们将对黄金的世界史重新进行探讨。

---

①　纯金的含有量占总重量的 1/24 为 1 克拉,9 克拉即 9/24。

第一章　古代的黄金

前　言

从远古时代起,黄金就受到人们的推崇,在古代文明中,黄金作为贵重品被广为使用。在交换经济以及市场经济发达以前,人们使用黄金主要看重其宗教意义。也就是说,黄金作为神圣祭祀工具的材料,或者作为装点神殿、圣域以及统治者、神官身体的饰品,被赋予象征神圣的意义。统治者作为神圣之王通过超自然的事物来行使现世的权利,神官则主宰祭祀。

从公元前1千年前后起,黄金开始用作货币的材料。但与其说那是交换的媒介,不如说是用来提高其持有人威望的神圣且高贵的象征。因此,在实际交易以及商业往来中,人们多使用白银。另外,金属以外的东西,例如牛、大麦、可可豆等也被作为价值基准用于交换经济之中。

黄金的魔力

黄金是太阳

黄金柔韧,可以随意加工。再怎么敲薄、弯曲,都丝毫无损,经得起各种方式的加工,适合用来制作各种高级装饰品。而且,其色泽辉煌又不失稳重,有一种神秘的魅力。黄金不会生锈,被认为是拥有永远生命的神的象征。另外,灿烂的金色与赋予万物生命的太阳的颜色相同,因此在许多古代文明中,黄金被视为太阳的化身。

例如，在埃及神话中，黄金就是神的肉体。而法老是神，拥有"黄金鹰头神"的称号。人们相信法老死后就会变成黄金身躯的神。太阳神是奥西里斯与伊西斯之子，以老鹰来表示。鹰头神被视为埃及宗教中的最高神。

埃及的太阳神"拉"也被称为"群星中的黄金"，石碑上刻有"拉首先说，我的黄金之躯"的字样。另外，赞歌中称底比斯阿蒙神的呼吸"带有香气，他的肌肤被黄金覆盖"。

希腊神话中的太阳神赫利俄斯乘坐由 4 匹马牵引的黄金两轮马车在天空驰骋。当一天的活动结束，夜幕降临时，他前往西方的大洋，在那里享受沐浴之后，乘坐巨大的黄金杯在大洋中飘游，回到东方，然后再骑马升天。赫利俄斯的宫殿就位于旭日升起的东方，用黄金和青铜装饰，闪耀着金光。

希腊神话中还有著名的米达斯王的故事。酒神狄俄尼索斯的老师西勒诺斯在森林中迷路，得到了米达斯王的帮助，因此他承诺可以满足米达斯王的任何愿望。米达斯王所提出的愿望是：自己的手所触摸到的东西全都变成黄金。他的愿望最后得以实现，他成为大富翁，不过就连食物也变成了黄金，于是他只好请西勒诺斯将自己变回原来的样子。西勒诺斯对他说，只要在帕克特尔斯河沐浴，就能变回原来的样子。于是米达斯王前往帕克特尔斯河沐浴，身体又变回以前的样子。自那以后，帕克特尔斯河就盛产沙金。这段神话也体现了古代希腊人对黄金的执着。

《圣经》中的黄金

《圣经》中也多处提及黄金。在"出埃及记"中，摩西依照神的命令在西奈山建造了神殿和圣所，那里有黄金面的祭坛、纯金的烛台、黄金竿等多种黄金制品。

另据《旧约圣经》"列王记上"记载，所罗门王（公元前 970 年前后～公元前 931 年前后在位）在各地收集黄金，不仅在供奉主的神殿内部使用纯金面板，还用纯金做门闩，自己随身携带的物品以及居室的用品都是纯金的。如果《圣经》的记载真实的话，那么所罗门所拥有的黄金数量应该超过埃及的法老。

太阳神殿与黄金庭院

在美洲的古代文明中，黄金是众神以及王权的象征，这一点从印加遗迹的黄金之国穆伊斯卡的例子中可以得到明显印证。

西班牙人掠夺的库斯科的太阳神殿叫做柯林坎查，那是"黄金屋"的意思，可见那里也有很多黄金饰物。

据16世纪中期的西班牙人记载：神殿最上方是用石头建造的，在墙壁居中的位置，与所罗门的神殿一样，贴有"宽42厘米，厚7.2厘米的金板"。太阳神殿内的四个小神殿也是用黄金装饰的，据称黄金板总共有500枚，神殿里的黄金板在晨光的照耀下闪闪发光。

太阳神殿的祭坛上供奉着太阳神像，制作太阳神像的黄金板要比贴在墙上的黄金板厚一倍。太阳神像两侧安放着历代国王的遗体，经过秘方处理的遗体栩栩如生。他们都坐在黄金椅上，还垫着生前用过的黄金靠垫。

太阳神殿的中庭还有黄金庭院，那里的土是沙金土，上面种着黄金玉米。印加人认为黄金是太阳的一部分，在太阳的照射下农作物会获得丰收。

另外，带着20头幼崽的实物大小的黄金美洲驼像，以及牧夫像也都是纯金的。

印加的黄金制品被西班牙人彻底掠夺了，现在已所剩无几。但是，在位于印加帝国北部的穆伊斯卡（现在的哥伦比亚），黄金制品是作为陪葬品埋在墓室里的，因此有不少免遭侵略者的洗劫。其中一些陈列在波哥大市的黄金博物馆。当然，土著人也会将黄金饰品用于宗教活动。

例如，在哥伦比亚北部的圣玛尔塔地区，居民们至今守护着祖先泰罗纳人制作的黄金饰品，每年在规定的日子里举行仪式，当太阳升到某个高度，光线从神殿屋顶的孔穴射入神殿里面时，他们会将黄金饰品放在神殿中让太阳光来照射。

他们相信，通过这种方式，可以净化黄金，使之更有光彩，带来更大的丰收。

从哥伦比亚到巴拿马、哥斯达黎加，张开翅膀的鸟是常见的一种黄金制品的造型。那恐怕反映出了这样一种土著的宗教观念：该地区的女巫们使用这种造型的黄金制品，用幻觉剂使自己变成鸟在天空飞翔，前往自己想去的地方，并且与天神相会，听到天神的授意。

在那里，黄金与神圣的宗教仪式有着紧密的关系。

古代东方的黄金工艺

古代埃及的黄金工艺

埃及的黄金工艺历史悠久。在初期王朝（公元前 2900 年～公元前 2650 年）早期，就已经出现了黄金压延版，那是用来固定燧石小刀以及剑的手柄，上面刻有人物以及动物的浮雕。在第一王朝迪尔国王的墓室中，有一个女性木乃伊的手腕上竟戴了四个金镯子。

古代王国时代（公元前 2650 年～公元前 2575 年）的黄金制品也不少。不过，将黄金工艺发挥到极致的是中王国时代。以锻造、铸造等技术为代表，浮雕、敲打、金箔、结合、象眼等等，这些在现代黄金工艺中使用的各种技术都已经达到了炉火纯青的境地。

有几件事例显示出这种中王国时代的埃及黄金工艺品曾广为人知。在中王国的第十二王朝（公元前 1937 年～公元前 1759 年）的墓地中发现了埃及女王的身体饰品。法国的考古学家雅克·摩尔根（1857～1924 年）从 1894 年起对开罗南面不远处的戴赫舒尔进行了发掘，他在西奴色三世的金字塔北端墓地中发现了某个女王的宝物。那里有两具刻有"黄金鹰头神"的黄金挂件，还有手镯、装饰绳索等 30 件陪葬品。另外，在其不远处，还发现了另外一间女王墓以及胸饰，手镯以及其他身体饰物。

第二年，摩尔根再次在第十二王朝的阿蒙涅姆赫特二世的金字塔中发现了墓室，并从中发现了两个女王的宝物，宝物中有一把长 26.8 公分的漂亮短剑。剑的手柄是用金筒做成的，表面嵌有宝石。东侧小房间的木屋更加令人称奇，在那里发现了许多当时埃及最高水准的黄金饰品。

其中，用细金线精巧编织而成的王冠以及挂在金链子上的圆

黄金的世界史

公元前		埃及	美索不达米亚
3000	初期王朝	美尼斯统一上下埃及	苏美尔人的都市国家
2500	古王国	公元前 2630年前后　萨卡拉的阶梯金字塔 2550年前后　胡夫的大金字塔	公元前 2500年前后　乌尔第1王朝 2350年前后　萨尔贡的阿卡德王国
2000	中王国	1937年前后～1759年前后　第12王朝 1836年前后～1817年前后　西奴色三世	2065年前后　乌尔第3王朝 1830年前后　巴比伦尼亚王国成立 1800年前后　赫梯王国成立 1719年～1204年前后　喀西特的巴比伦第3王朝
1500	第2中间期	1639年前后　喜克索王国成立	
	新王国	1539年前后～1295年前后　第18王朝 1473年前后～1458年前后　哈特谢普苏特 1344年前后～1328年前后 　阿蒙霍特普四世（易克纳顿） 1327年前后～1318年前后　图坦卡蒙王 1279年前后～1213年前后　拉美西斯二世 　（大帝）	1531年前后　赫梯侵入巴比伦 1190年前后　赫梯灭亡 1100年前后　第1次亚述帝国
1000	第3中间期		900年前后　第2次亚述帝国
500	末期	671年前后　亚述入侵 525年　　　波斯入侵 404年～343年　第28～30王朝 343年　　　波期再次入侵	612年（606）　亚述灭亡 505年　米底灭亡，阿契美尼斯王朝波斯成立 303年　亚历山大征服波斯帝国
	托勒密王朝	332年～304年　马其顿王国 304年　　　托勒密一世建立埃及王国	248年　帕提亚成立
公元1		30年　　克丽奥佩特拉七世去世，托勒密王朝灭亡	

古代东方的历史

形饰物使用的是粒金工艺，金粒的大小只有 0.3 毫米。那些金粒是如何连接到金线上的已不得而知。总之，可以肯定使用了非常高超的技术。这种技术起始于第十二王朝，之后在埃及大为流行。

1914 年，英国著名埃及考古学家弗林德斯·皮特里（1853～1942 年）再次发现了第十二王朝女王的墓室。发掘物中最精美的是一幅 2.77 公分大小的美丽的黄金王冠,前后挂着 3 枚细长的金板,后方是 2 枚羽毛状的装饰品。另外,周围好像挂有 1200 个金钩,总重量估计有 1 公斤。除此以外,还发现了胸饰、手镜、襟饰、饰带、首饰等,其中不少还嵌有象牙以及宝石,不愧是女王身体饰物中的精品。

像这样,通过几个女王的遗物,我们可以了解到埃及中王国第十二王朝黄金工艺的精湛之处。在前言中提及过的新国王第十八王朝有名的图特卡蒙国王墓中的宝物固然精美,但那些作品雄浑有余,与十二王朝的黄金身体饰品相比,显得不够细腻。那恐怕是因为第十二王朝处于黄金工艺最盛期的缘故。

埃及的黄金产地

像这样,埃及人使用大量的黄金为神殿以及王室制作各种各样的物品,然而他们究竟是从哪里获得原料的呢?

在此可以列出 3 处黄金产地。首先是从干谷哈曼玛泰至阿斯旺地区的埃及东面的沙漠地带。该地区的黄金被称为"可普托斯黄金",据称在初期王朝、古王国时代就已经被人们开采。

现在,在意大利都灵的埃及博物馆里保存着公元前 1550 年前后的,即新王国时代(公元前 1570 年～公元前 1069 年)描绘在草纸上的地图,很显然那是为了开采金矿而绘制的。金矿部分被涂成红色,而通往黄金产地的重要中转地干谷哈曼玛泰的位置也被标注了。

随着黄金需求的增长,其他地区的黄金也受到了关注。其中最被看好的是努比亚北部。努比亚是指从阿斯旺至现苏丹首都喀土穆一带的地区,北面称为娃娃特,南面被称为库舍。主要是娃娃特出土黄金。中王国之后,特别是新王国时代的黄金基本上产自娃娃特。据称在第十八王朝的图特卡蒙三世时代,努比亚每年产出 250 公斤的黄金。另外,据称同样是在第十八王朝的阿蒙霍特普三世时代,为了获得埃及的黄金,许多国家主动俯首称臣。据称该法老为了将米坦尼国王的舒塔尔娜公主迎入后宫,赠送了大量的黄金。

第三大黄金产地是西面的利比亚地区,不过该地区的产量不

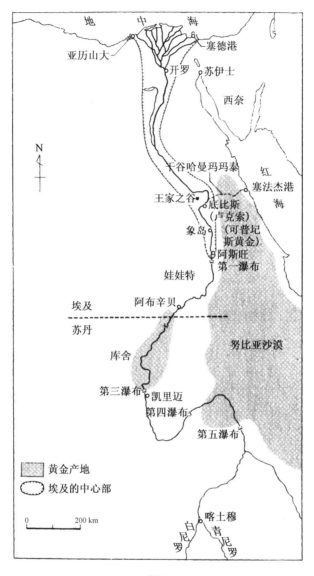

地　中　海

亚历山大

开罗　苏伊士

塞德港

西奈

红

塞法杰港

海

N

干谷哈曼玛玛泰

王家之谷　底比斯
（卢克索）
（可普扽
斯黄金）

象岛

阿斯旺
第一瀑布

娃娃特

埃及

阿布辛贝

苏丹

努比亚沙漠

库舍

第三瀑布

凯里迈

第四瀑布

第五瀑布

黄金产地

埃及的中心部

0　　　200 km

喀土穆

白
尼
罗

青
尼
罗

图 7

得而知。

　　因为与黄金相关而受到关注的还有第十八王朝的哈特谢普苏特女王所派遣的远征队。该远征队的故事记载在航海日记之中，据称蓬特之国的女王派遣远征的大船队获得了许多宝物，其中包括大量黄金。该航海日志刻在为女王建造的神殿墙壁上。关于蓬特之国的位置有各种说法,据称可能是在红海的出口,即现在的索马里一带。

最近的调查显示:在中王国时代,埃及人在美尔撒·嘎瓦西斯建造了港口。这与后来所罗门国王派人获得许多宝物的俄菲尔或许是同一个地方。《圣经》记载所罗门每年要从俄菲尔获得 660 塔兰特的黄金。

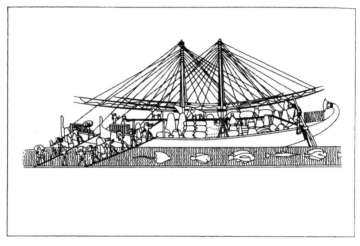

图 8   哈特谢普苏特女王派往蓬特的船只(根据帝王谷神殿壁画复原)

顺便也谈一谈埃及的白银。埃及不产白银,因此埃及人必须从外部获得白银。不过,从相当古老的时代开始,埃及人就使用了黄金与白银的合金即白金,在十八王朝以后,是从周边的叙利亚、巴比伦尼亚,以及小亚细亚的赫梯进口白银。估计进口白银的历史还可以进一步往前追溯。

据称,黄金的问题与埃及初期王朝的成立有很深的关联。埃及东面沙漠的黄金(可普托斯黄金)很早就引起了西南各民族的关注。因此,那些民族都希望与上埃及建立通商关系。或许有人会从红海直接去黄金产地,但估计更多是从河口三角洲地带溯流而上,然后沿着尼罗河前往目的地。一般认为,上埃及的统治者为了控制这些通商通道,以便自己开发东面沙漠的资源,特别是黄金资源,以金矿开采的战略据点为核心建立了几个国家。那些国家后来统一,发展为上埃及的初期王国。

在埃及统一前的先王朝时代的格尔哲时期,上埃及王国拥有大量的财富和相当的实力,宫廷中聘用西南亚人制作奢侈品。这样一来,发达地区美索不达米亚的技术以及工艺开始传入埃及。在这样的基础上,埃及独自的制作工艺也开始走向成熟。这样看来,黄金与政治以及艺术、文化有着相当密切的关系。

美索不达米亚的黄金供给地

与埃及相比,美索不达米亚的黄金却不太为人所知。

据称,从公元前4千年纪年(公元前4千至公元前3千年前)的时代起,美索不达米亚地区就开始使用黄金。从被推测为公元前3千年纪中期的"吾珥的王墓"中出土的精湛的黄金工艺品中,有细长沟纹路的杯状容器,以及竖琴上的牛头像,其精巧程度丝毫不逊色于埃及黄金工艺品。该王的墓室是由伦纳德·伍利(1880～1960年)主持发掘的。

与埃及不同,美索不达米亚在公元前2千至4千纪年之间制作的黄金工艺品大多失传了,其具体情形不得而知。不过,可以确定的是美索不达米亚地区并不出产黄金。据称,美索不达米亚人是从扎格罗斯山脉等周边地区开采黄金。对于他们而言,最重要的黄金供给地恐怕是埃及。如前所述,像米坦尼国王那样,埃及周边国家的国王全都被法老索取过黄金。

除此以外,关于古代黄金文化,要讲述的内容还有很多。就东方国家而言,在公元前1千年纪兴盛的波斯帝国的黄金财宝非常有名。这一点将在后文中进行论述。在赫梯、希腊、伊特鲁里亚、克里特岛的米诺阿文化,以及迈锡尼文化等从西亚到地中海的几乎所有文化当中,黄金作为贵重饰品材料受到人们的青睐,这一点从出土文物便可以断定。

美索不达米亚与埃及

不死的思想和木乃伊

可以确定,地球上最早开展农耕并形成文明社会的是美索不

图 9　迈锡尼的狮子门
（19 世纪由雪曼在特洛伊发现，是迈锡尼文明的象征）

达米亚。埃及直接受到美索不达米亚的影响，很早就进入农耕社会，创造了文明，成为东方文明的又一中心。美索不达米亚与埃及常常被视为东方古代文明的代表，但两者之间也有相当大的差异，这一点不容忽视。

　　首先，在埃及，法老是神，是不死的存在。但在美索不达米亚，统治者一开始被称作恩西或者鲁嘎尔，前者是"城镇的统治者"，或者是"王"的意思。鲁嘎尔顶多也就是"伟大人物"的意思，那不是神一样的存在。国王被视为神，是从后来的阿卡德时代（公元前235 年至公元前 218 年）开始，即使在那样的情况下，特定人物是因为伟大而获得神的资格，并没有形成现世神的观念，也就是说人们并不认为国王等于神。

　　在埃及，人们认为法老生命永恒。因为是神，所以不会死去。即使看起来会像一般人一样死去，但法老会变成黄金的身体永生。而且，这种长生不老的观念并不只限于法老，也针对一般人。人们相信人可以长生不老，拥有死而复活这种信仰。这一点从埃及的木乃伊习俗当中也可以看出来。

但在美索不达米亚，人们认为神也会死去。在拉格修的初期王朝(公元前2500年前后)每年6月举行的悼念杜姆兹的活动，后来成为了美索不达米亚最为常见的仪式，而杜姆兹正是主宰植物生长的重要的神。到了冬天，植物枯萎，杜姆兹也要下界死去。于是就有了祈祷植物重生的祭祀，也就是祈祷杜姆兹重生的祭祀。人当然是会死去的。在公元前2千纪年写成的著名的《吉尔伽美什史诗》中，有"神在拯救人类时，在人类命运中添加死亡，并用生命的胳膊拥抱"这样的内容。人类作为会死去的存在活在这个世上，为了保持自然界与人类世界的和谐而信奉这种宗教。在这种宗教信仰中，祈祷重生的祭祀具有重要意义。

商业都市国家美索不达米亚

除此以外，美索不达米亚与埃及的差异还有很多。在美索不达米亚，部落最初以神殿为中心发展，后来周围建造起城墙，形成了与周围的土地性质不同的"都市"。地球上最早的都市出现于公元前4千年纪中期。都市位于城墙内部，市民居住在城里，过着有秩序的生活。都市由居住在神殿的国王统治，拥有法律，还开展商业交易，因为生活必需品的生产不得不依赖于外部。而且，都市同时也是城寨。

而埃及则很难形成都市型部落。埃及相继建造了大型神殿以及宫殿，随着时代的变迁规模得以扩大，但周围并没有出现有秩序的密集部落。在埃及，要到很久以后的希腊主义时代，才开始出现像样的都市。埃及的一般民众都在宫殿以及神殿周围零散地建造部落居住。因为尼罗河两岸被沙漠地带所包围，农民只能居住在河边的绿洲地带，而没有建造密集的街道与都市。因此，埃及文明是没有都市的文明。

在经济方面，埃及与美索不达米亚两者之间也存在各种差异。首先，埃及在整个古代史上没有使用过货币。另外，由于埃及是农业国家，商业以及通商都不发达，市场也不繁荣。古代埃及基本上是以物换物经济的社会。

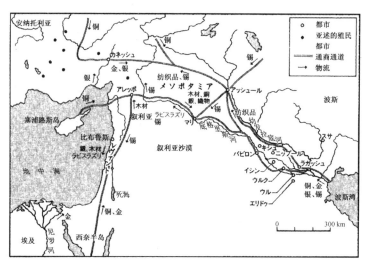

图10 公元前3000年纪的东方通商

与此相对,美索不达米亚一开始商业就相当兴盛。虽然没有出现货币,但作为货币先驱形态的交换媒介比较发达。对于美索不达米亚的都市国家而言,交换与通商是不可或缺的要素,因为在美索不达米亚,被城墙包围的都市国家如果没有农耕畜牧地带的产品就无法维持下去。另外,美索不达米亚的环境具有生态学上的多样性,既有山区,也有干燥地带、沙漠地带,物产也是多种多样。因此,那些产品相互交换的经济体系很早就发展起来了。神殿不仅是各地信徒聚集祈祷的场所,也是拥有不同物产的不同地方的人相互接触交换的地方。因此,在神殿前广场上一定会形成大规模集市。在那里人们不仅交换物资,而且还交换技术、知识,不同民族之间的社会接触也十分频繁。

美索不达米亚一开始就是非常国际化的世界,而埃及则是一个封闭的、神权的、专制的单一国家。

另外,即使从贵重金属这方面来看,埃及储存了大量黄金,据称其数量约占古代世界黄金总量的一半。而美索不达米亚主要是以白银作为交易的手段,这也是一种显著的差异。

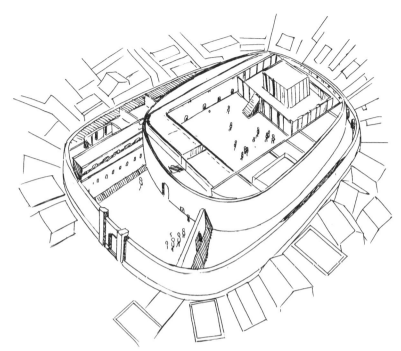

图 11　美索不达米亚初期王朝时代的都市，以神殿为中心，
形成了由城墙包围的都市国家。

不同的环境

美索不达米亚与埃及的这些差异，可以从其所处的环境来说明。埃及是在尼罗河冲积平原上发展起来的农耕社会，其两侧被沙漠所包围，从而阻止了外敌的入侵。当然，埃及并不是完全孤立的社会，中王国末期曾经受到亚洲民族西克索人的侵略。另外，在进入新王国时期后，又受到过亚述、波斯等国的侵略。但因为有沙漠这种自然壁障，在整体上形成了安全有所保障的社会，像法老那样的专制君主能够长期保持其地位，不建造有城墙的都市也能比较和平地生活。而美索不达米亚则是在平原上形成的文明，一直受到周边民族，特别是北方山地民族的侵略。在这种环境下很难形成主张绝对王权的强权国家，因此与埃及相比，美索不达米亚的统治者是与一般人相近的国王或者神。经济方面的差异也可以用

这种环境上的差异来说明。这个问题与本书的主题相关,将在下文中进行详细论述。

顺便提一下,埃及王国与美洲大陆的古代文明期最后出现的印加帝国在各方面都出奇地相似。例如,人们认为现世国王是神的化身,因为国王是神,所以可以永生;没有货币,通商以及市场不发达;信仰太阳;与此相关,黄金被赋予宗教价值,国王以及神官们积蓄了大量黄金;王族之间近亲通婚,等等。当然两者之间也有明显的区别。像埃及文字发达,而印加则没有文字。但两个地区基本上都处于孤立的环境,因此形成了上述共同点。

通商与货币

埃及是如何获得资源的

在上文中指出了埃及交换经济以及通商不发达,也没有货币,关于这一点在此还想进一步进行说明。

埃及确实在尼罗河冲积平原农耕地带建立了拥有自给自足体系的国家,但并非完全没有开展交易,许多物资还是要从其他地区获得。那么,埃及人是如何获得物资的呢?

考古学成果表明,早在初期王朝以前,尼罗河流域居民为了获得木材与铜,就与西奈半岛以及地中海东部黎凡特地区的居民有过接触。到了古王国、中王国时代,埃及从国外获得了更多的物资以满足国内需求,那些物资包括西奈半岛的铜,叙利亚以及黎巴嫩的木材,努比亚以南地区的豹皮、象牙、香料、黑檀,还有苏丹的黄金。从第一王朝墓地中曾发掘出过大量产自巴勒斯坦、叙利亚的陶器。从这些事例来看,埃及绝不是孤立的社会,而是一直重视从周边地区获取资源。问题在于这些资源又是如何获得的呢?

首先,埃及从西奈半岛获得了铜以及土耳其石,但那不是通过一般性通商交换获得的。据称,法老屡屡向产地派军镇压当地的游牧民,还向矿区居民提供粮食,对他们实施保护,以使他们免于遭受外敌的侵略。另外,还曾向当地酋长赠送过物品,但那绝不是用于支付。

其次,埃及以外地区的商人或者通商者带来了物品,这也是可能的。估计有许多渠道,既有类似于东亚、东南亚各国与中国之间的朝贡贸易的方式,也有商人间开展的交易,还有可能从内陆地区获得象牙、黑檀、豹皮,在某个中转地与中介或者当地商人进行交换。在上埃及,留下了埃勒日泰尼、科尔马等用于交易的建造物。其中科尔马位于尼罗河第三瀑布附近,在中王国时代,非洲商人为了获得埃及刀以及亚麻布而前往那里。后来,当埃及势力扩到上游那帕达地区时,那里与其说是交易所,不如说是用于汇集贡品的场所。

第三种方法是法老向外国派遣船队与各地统治者进行交易,从而获得各种各样的物品。例如,埃及曾经通过比布鲁斯进口木材,另外第十八王朝的哈特谢普苏特女王曾经向蓬特之国派遣探险船队。

在许多情况下,法老为了显耀其权威,希望各地与埃及的交易以朝贡的名义进行,虽然那些朝贡贸易实际上往往是种纯粹的交易。不过,在埃及,真正的商人到各地去开展交易的实例非常之少。在第十八王朝初期贵族墓地的壁画上,有克里特岛以及地中海岛屿的君主们手持盛有葡萄酒的大瓶以及铜棒的画像,但当时埃及的政治势力并没有波及到克里特岛以及其他地中海岛屿,因此那些物品恐怕是作为交易品传入埃及的。

汉谟拉比法典

美索不达米亚的情况与埃及形成了鲜明对照,在那里,对外贸易具有首要意义。在公元前 18 世纪的汉谟拉比法典中,详细记载了商人以田地以及椰枣农园为抵押向贵人借钱的情形,以及向外出经商者放贷的规定。富商结成一种名为"喀尔姆"的行会,居住在一定地区,在那里与外国商人进行交易。史料显示:不仅美索不达米亚的商人去外地,印度商人也千里迢迢来到美索不达米亚进行通商。

交易之路从美索不达米亚向四面八方延伸,与北方的扎格罗斯山脉、托罗斯山脉、安纳托利亚、黎凡特地区、巴林、阿曼,以及阿富汗、印度之间都有交易通道。

这种频繁的交易活动,全都是在正义之神的监视下进行的,必须遵守合同,作为证据必须将合同内容写在粘土板上。人们可以通过无数粘土板来了解关于美索不达米亚的商业、通商方面的详细情况。

在埃及,大部分情况下交易采取的是强制征收或者朝贡贸易的形式。在进行实质性交易时,估计主要是采取以物换物的方式,没有货币也并非不可思议。然而,在交易那么盛行的美索不达米亚也没有使用货币,这的确令人感到意外。

大麦是价值标准

以物换物,这固然是事实。但是,在进行远距离交易时,如果只采取以物换物的方式,效率会很低,而且实际上也做不到。因此,需要有一种表示经济价值的手段。在美索不达米亚,用于价值标准的是大麦,以一粒大麦的重量作为计算的基本单位,同时也使用铜、银、金等,其中银用得最多。但不论在何种情况下,银的价值都是以重量来计算。不过,在巴比伦尼亚中期,金与银被等同使用,这算是一种例外。在亚述中期,至少在亚述最早的都市亚述尔,锡也曾经被用作交换的媒介。

舍客勒与弥那这样的单位在埃及以外的地区也被广为使用,其重量标准与体系因地区而有所不同。在美索不达米亚,1 舍客勒是 129 粒大麦的重量,大约为 65 克。舍客勒的 60 倍为弥那。另外,弥那的 60 倍为比尔图。在许多情况下,银上面刻有表示纯度的国王的印记。例如,在闪族以及巴比伦尼亚刻的是鸭子图案,而在亚述刻的大多是狮子图案。在这些地方,维持准确的价值标准被认为是国王的责任。

如前所述,在后来的时代,银成为一般交换价值的标准。尽管如此,也依然会同时使用其他物品。例如,在某个时期,驴的价格用银表示,而房屋的价格则用大麦表示。

像这样,在一种通货币使用以后,便出现了在广大地区交易中收取利息的信用贷款。

当时,国王积极参与利率的制定。以汉谟拉比法典为例,规定不论是以白银还是以大麦支付,利率均为 20%。不过,估计那很难照章执行。以都市国家歇帕尔的沙玛什(美索不达米亚的太阳神、正义之神）的神殿为例，借出大麦时利率为 20％，而借出白银时利率只有 6.25％。另外，在进行远距离贸易时，还发行了在粘土板上署名的信用状。

美索不达米亚商人的特性

美索不达米亚商人在各地设置交易所，以方便通商。他们在安纳托利亚东部以及中部设置了许多亚述的交易所，其中卡内什的交易所起到了重要作用。卡内什的商人将安纳托利亚的铜以及其他矿石运到亚述尔，然后从亚述尔进口纺织品。

商人可以自由经商，而且经营项目繁多，但不能将那理解为近代社会的商业活动。因为那是由美索不达米亚国王所控制、管理的一种官营贸易，类似于墨西哥的阿兹特克时代被称为珀丘特卡的商人阶级的活动。珀丘特卡归属于阿兹特克王，被赋予一定的自治权。他们拥有神殿，用来祭祀自己的神。另外，珀丘特卡还被允许在神殿周围拥有特别的居住地。他们听从国王的命令，作为武装商人集团在各地经商，使用可可树果实从事交易并获得各地物产。另外，他们有时变成收税人，有时还会组成掠夺集团。

在美索不达米亚，商队带有军事性，但其军事实力不得而知。由巴比伦尼亚的布尔那布瑞亚什国王所派遣的商人队在经过迦南地区时，黄金遭到掠夺。布尔那布瑞亚什国王对该事件十分愤怒，强烈要求迦南的统治者捕捉并处死强盗，要求将黄金归还给商人队，还警告如果做不到将中断贸易关系。总而言之，当时的交易与现代不同，伴随着很大的危险。

古代货币的出现与海上贸易

新势力的兴起

公元前 2 千年，东方世界开始发生巨大变化。简而言之，那是一个争斗非常激烈的战乱时期。过去一直受亚述以及埃及压制的东方兴起了各种民族，开始进入政治混乱的时代。

其中，一个重要现象就是赫梯族在小亚细亚兴起。在公元前 2

千年前后出现的使用印欧语的该民族，在公元前2千年后成为当时最大的势力，它与亚述联手击败埃及，给以往的东方世界带来了新的变化。

另外在地中海，海洋民族的文化也在不断兴起。著名的克里特岛的米诺阿文化在公元前2千年前后开始兴盛起来，在埃及以及黎凡特地区频繁开展交易活动。从公元前1500年前后起，迈锡尼民族从希腊本土向海上发展，势力扩大至克里特岛。在黎凡特地区，从公元前15世纪前后起，腓尼基人的活动也兴盛了起来。地中海贸易的繁荣以及战争掠夺的频繁发生构成了上述变化的背景。

克里特岛的文化在公元前1200年前后走向衰退，据说那是因为希腊本土遭到了多利斯人的侵略，还遭到了被称为"海民"的神秘海洋民族的攻击。海民还攻击了腓尼基以及埃及，在希腊本土大肆进行了掠夺。赫梯在公元前1190年灭亡，也与海民的入侵有密不可分的关系。

海洋贸易与骑马民族

可以说，从公元前1200年前后起，东方世界的西部进入了新的历史阶段。由于赫梯的灭亡，亚述、赫梯、埃及这三者之间的政治平衡被打破，出现了政治空白，而各种各样的民族趁虚而入，当时出现的一些重要社会现象对后来的历史进程产生了深远影响。

首先是铁器的出现。据称在公元前1500年前安纳托利亚地区就开始使用铁器，但由于铁矿的开采及冶炼方法与其他金属相比难度要大，因此铁器的普及需要较长时间。但到了公元前1200年前后，铁开始成为制作工具以及武器的重要材料，人类社会也从此进入所谓铁器时代，历史进入了新局面。

关于那之后的历史，不能不提及地中海各民族的海洋活动。米诺阿人、迈锡尼人也曾开展过海上贸易，有时也进行掠夺。不过，到了公元前1500年以后，在整个地中海相继建造殖民都市的腓尼基人以及公元前1千年纪的希腊人，主要从事海上贸易以及掠夺。腓尼基人在亚述、新巴比伦尼亚等中东强国的压迫下，很早就掌握了航海术，在地中海开展贸易，并在北非建立了迦太基。后来，又向西北非以及西班牙扩张。他们特别看重那些地方的贵重金属，垄断了贸易。

第三是骑马民族的出现。以往，由马牵引的战车在陆战中发挥强大作用。但是，那种战车至少需要两个人驾御，即一名驾驶者，一名弓箭手。在公元前850～700年之间，骑马的游牧民走上了历史舞台，马队战术随之发生了大的变革。他们单骑操弓箭，机动性强。后来又发明了马鞍和盔甲，再加上马匹品种改良，攻击力进一步增强，大队步兵都无法抵御。

在骑马民族中，斯基泰以及色雷斯比较有名。公元前5世纪的希腊历史学家希罗多德（公元前485年～公元前425年）对其历史进行过记载。斯基泰民族自公元前9世纪起从南俄罗斯越过阿尔泰山脉向西扩张，在黑海地区与希腊人进行交易。另外，色雷斯民族在公元前2千年前就已经在巴尔干半岛的现保加利亚的草原定居，从公元前8世纪前后起频繁开展活动。斯基泰以及色雷斯都通过交易和掠夺获得了大量黄金，留下了马具等大量黄金制品，这一点广为人知。

古代货币的出现

这个时代出现了货币，这是经济史上值得关注的现象。而且，货币不是首先在东方世界古代文明中心，而是在周边的小亚细亚以及古希腊出现并普及开来的，这一点值得关注。

据希罗多德记载，最初下令铸造货币的是位于小亚细亚吕底亚王国的盖吉兹国王（公元前684年～公元前640年在位）。吕底亚是公元前七六世纪繁荣起来的小亚细亚王国，该国征服了爱奥尼亚地区（小亚细亚西部）的各个都市，致力于地中海对东亚的贸易。克罗伊斯是最后的国王，他公元前546年败于波斯的居鲁士二世。克罗伊斯

图12　马其顿的货币
（公元前1500年前后）

非常富裕,成为富翁的代名词。

盖吉兹国王在公元前 670 年命
令铸造金币,金币上铸有吕底亚之
神狐狸。虽说是金币,但并不是用
纯金铸造的,使用的是在自然状况
下可以发现的被称为厄勒克特伦的
金银合金。据说纯金币要到 100 年
后的公元前 6 世纪中期才出现,那
是在吕底亚的克罗伊斯国王的命令
下铸造的。在马其顿的菲利普斯二
世,也就是亚历山大大帝的父亲利

图 13　雅典的货币
（公元前 5 世纪中叶）

用金矿铸造金币之前,那一直是在希腊人之间流通的纯度最高的
货币。

那种金币呈圆形,与之前刻有印记的银锭以及银条不同,上面
一般铸有某种图像。刻有印记的银锭是以重量来表示价值,而货
币则是用经济价值的单位表示,因此作为交换媒介便于流通。

在小亚细亚出现的货币很快就传到希腊本土,各地纷纷开始
铸造货币,其中也有金银合金的货币。在公元前 7 世纪末,位于萨
罗尼加湾内的贸易中心埃伊纳开始铸造货币。公元前 6 世纪初,
科林斯也开始铸造货币。雅典是在公元前 520 年起开始铸造货
币,使用的是位于东南阿提卡的拉里昂银山所产的白银。

希腊货币的基本单位是斯塔特尔,60 斯塔特尔等于 1 米纳,60
米纳等于 1 他连得,这种 60 进制受到巴比伦尼亚的影响。不过,在
希腊本土,50 斯塔特尔等于 1 米纳,斯塔特尔还可以分为 2 或者 3
德拉库玛,四分之一德拉库玛为 1 欧伯拉。

最初铸造的金币最小单位是德拉库玛,估计没有日常使用。
在当时的希腊,日常的小规模交易似乎是通过以物换物来进行的,
另外还有法令规定用雄牛的头数来计算罚款数量,可见货币并没
有用于所有场合。从考古学发现来看,这些货币的流通范围极其
有限。有人认为在希腊国内采取以物换物的方式,货币用于对外
贸易。例如,贸易中心埃伊纳的货币在爱琴海的克里特岛、罗兹岛
一带流通,但在更远一点的地方则十分罕见。因此,不妨认为至少

黄金的世界史

在初期阶段,货币并没有积极用于贸易。

小亚细亚以及希腊本土人为什么对货币如此关注,在各地进行铸造,这是一个谜团。英国经济学家约翰·梅纳德·凯恩斯(1883～1946年)认为:当时,通过以物换物或者银锭、金条,希腊人足以开展贸易,为什么他们对货币如此关注,这有些令人费解。他甚至说,"那是因为他们爱虚荣。"(《货币论》)

雇佣兵与货币

有一种说法认为,吕底亚一开始铸造金银合金的货币,是为了便于支付希腊雇佣兵的费用。也有人对这种说法提出异议,认为那无法说明货币铸造在希腊本土普及开来这种现象。我觉得这种意见值得考虑,因为在东方世界,各民族之间的争斗从来就没有停止过。自古以来,由熟练的职业战士组成的雇佣军就是军事上不可或缺的存在,埃及人就曾经使用过由犹太人以及努比亚人组成的雇佣军。吕底亚王国使用由希腊人组成的雇佣军,希腊的各个都市后来也开始使用雇佣军。迦太基在与罗马的艰难战斗中也使用了雇佣军,这是广为人知的事实。另外,雇佣军因为对佣金不满发生过叛乱,后来凭借汉尼拔的父亲,即武将哈米尔卡尔·巴尔卡(公元前? ～公元前229年)才将叛乱镇压下去。顺便说一下,支付给雇佣军的必须是贵重金属。

埃及能利用丰富的贵重金属资源给雇佣军支付丰厚的费用。但是,对于公元前1200年前后兴起的东方世界各地的各种势力来说,筹集用于支付雇佣军费用的金银,是一件相当困难的事情。不论是吕底亚,还是希腊的各个都市,以及后来的罗马,它们热衷于开发金山银山的理由之一,就是为了筹措支付给雇佣军的费用。总之,雇佣军是一个值得进行深入研究的问题。

雇佣军一直存续到后来的文艺复兴时期,也一直被欧洲的各种势力所利用。到了文艺复兴时期,支付给雇佣军的费用成为压迫法国以及西班牙国王财政的原因之一,这一点同样广为人知。

海上贸易与货币的利用

可以确定的是,货币并不是因为对外贸易的需求而出现的,但货币被引进到地中海东部之后，作为便利的经济手段在地中海的海上贸易中开始被人们广泛利用。例如，腓尼基在向地中海西部推行商业活动时，每个城市都开始铸造各自的货币。首先是在涂罗斯和其顿、阿拉多斯和比布罗斯，后来到了希腊主义时代，有更多的都市加入其中。腓尼基的重要殖民都市迦太基，也在公元前5世纪开始独自铸造货币。

与以往的交换媒介相比货币有许多优势，它小巧便于携带，而且货币上刻有纯度以及重量，让人用起来放心。刻在货币上的印记显示了保证货币价值的特定国家的威信，使用某种货币，便是与铸造该货币的都市或者国家形成关联。只不过各个都市、各个国家各自发行的货币是如何交换以及换算的，关于这一点还有许多情况有待澄清。

金币与银币

一开始流通的货币都是银币，这暗示了人们对待黄金的态度。流通的是银币而不是金币，也意味着黄金在当时依然保持着货币以外的用途。实际上，当时的黄金制品除了用作宗教用具或者贵妇人的装饰品外，还用来显示神官或者国王的神圣性，这与以前的时代没有什么区别。另外，拥有黄金制品和金条，是富人的象征。被称为希腊七贤人之一的索隆曾在公元前6世纪对人们储存黄金炫富表示哀叹，说那是愚蠢的行为。另外，根据希罗多德的记载，最初命令铸造金币的吕底亚的盖吉兹王向德尔福神殿捐赠了大量的金银制品。这也说明在当时，黄金多用于神圣的供品或者装饰品。

另外，盖吉兹国王命令铸造金币究竟是否为了用于流通，这一点也令人怀疑。初期的金币恐怕也是为了某种宗教的目的，或者只是作为具有神圣价值的贵重品而受到珍惜，具有流通以外的目的，比方说用来提高持有者的威望，也有可能被当作具有超自然的、有灵魂的咒物来对待。

日本最早的金币是760年铸造的开基胜宝，而在那之前的708年，铸造了最早的货币和同开珎。开基胜宝的铸造枚数有限，并不是用于流通，而是用作贵族之间的赠品。

古代美洲的黄金文化

中央安第斯的黄金文化

美洲大陆的古代文化是在与旧世界完全隔绝的环境下形成的,但它同样具有悠久的黄金史。著名的印加黄金文化,就是在安第斯文明几千年历史的最后阶段诞生的比较新的文化。

通观古代美洲,黄金文化繁荣的地区北面到墨西哥,南面到中央安第斯,范围非常之广。金属文化首先兴起于南美洲,黄金加工起始于中央安第斯的南部,逐渐北上,通过巴拿马海峡,最终到达

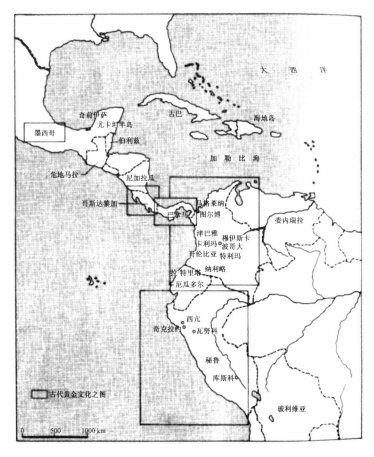

图 14 古代美洲的黄金文化圈

墨西哥。因此，在被称为古代美洲三大文明即墨西哥、玛雅、中央安第斯文明当中，玛雅文明属于与金属器具完全无缘的新石器文明。墨西哥文明也是在11世纪以后才开始学习金属的冶炼以及金属制品的制作。

就目前所了解的来看，中央安第斯最古老的金属文化是玻利维亚的旺卡拉尼文化。该文化位于玻利维亚高地的奥鲁罗，形成于公元前1200年前后。除了粗制的无纹陶器、陶偶外，还出土了南美最古老的铜器。玻利维亚金属资源丰富，现在依然与马来西亚、扎伊尔并称为世界三大产锡国。过去，那里有世界上最大的波托西银矿，也很容易发现沙金、自然铜。在那片土地上出现金属文化，是极其顺理成章的事情。

旺卡拉尼文化在公元前1200年至公元前1000年繁荣，使用的金属只有铜。在秘鲁南部的瓦伊瓦卡高地曾经发现过公元前1800年前后的遗址，其中就有用来敲打延伸金属的石锤以及台座，而且石锤以及台座上都附着有金箔。如果那是用来将金条敲打成薄片的工具的话，那么至少在旺卡拉尼文化几百年之前，沙金的加工就已经开始了。

但是，制作出堪称艺术品的金属制品，是旺卡拉尼文化之后的察宾文化时代。该文化是以秘鲁中部高原以及以北海岸为中心兴起的。至今为止，在秘鲁北部海岸的重格雅培，就曾发现过在打制而成的金条上刻有察宾神浮雕的黄金制品。

图15　王冠（察宾时期，公元前14世纪）

1989年，东京大学的调查小组在秘鲁北部首次从昆特尔·瓦西高地察宾时期的墓地中发现了工艺精湛的王冠以及胸部饰品。

通过该考古发现,可知察宾时代的国王以及酋长、巫师佩戴刻有獠牙、猫科动物造型的黄金饰品。在那里,黄金也是与宗教信仰紧密相关的贵重金属。

察宾文化在公元前 200 年左右衰退,之后在北部以及南部海岸兴起了新的地方文化。在北部海岸边广阔平原上诞生的莫切王国文化中,黄金文化占据重要地位。神圣的酋长们使用黄金面具、头饰、首饰、胸饰等,还手持金制祭祀用品以显示自己的威严。

	北海岸	北高地	中央路	南海岸	南高地
公元前1500	塞罗·塞钦	瓦卡罗玛	科特什		
1000 · 500	库彼斯尼凯	查文德万塔尔	初期王朝(查文)	帕拉卡斯	
公元 1 · 500	莫希	卡哈马卡	雷奈伊	纳斯卡	蒂瓦纳科
			中期王朝(瓦里)		
1000	希坎契姆		钱凯	伊加	
1500			后期王朝(印加)		

中央安第斯古代文化年表

过去也曾零散地发现过莫切时期的黄金制品。就在发现昆特尔·瓦西黄金制品的两年前,在秘鲁北部海岸的希庞,秘鲁考古学家瓦尔特·阿尔巴从莫切时代金字塔旁的王族墓地中发掘了大量的黄金制品,引起了全世界的关注。

希庞的黄金制品数量远远超出昆特尔·瓦西,而且种类繁多,包括黄金面具、饰品等当时的神官、贵族阶级所使用的几乎所有种类的东西。除了黄金制品,还发现了许多金铜合金制品。那些合金制品是用从秘鲁到哥伦比亚地区常见的金属工艺制作而成的,将金铜合金用酸性果汁浸泡,使表面具有黄金般耀眼的光泽。

希坎的发现

1991 年,也就是在希庞考古发现的 4 年之后,同样是在哥伦比亚北部海岸的兰巴耶克地区,安第斯考古专家岛田泉在发掘希坎文化的金字塔旁边的王墓时,又发现了许多黄金制品。希庞与希坎这样的名称很容易混淆,希庞所属的莫切文化形成于公元后不久,在秘鲁北海岸持续到 750 年前后。那之后兴起的才是希坎文化,这种新文化在 900～1100 年迎来了最盛期,除了建造有众多的神殿、金字塔,还制作有各类陶器、纺织品、金属工艺品,技术水准相当出色,其中黄金制品最为有名。

埋葬贵族遗体的位置是希坎墓地的中心,那周围有许多殉葬品,墓地中还发现了其他女性的遗体,估计是殉葬者。黄金制品有面具、王冠、护胸、耳环、乐器以及其他装饰品,数量有将近两件。从昆特尔·瓦西时代,到希庞、希坎时代,黄金制品数量增加了,这表明社会的构造复杂化了,另外社会的规模也扩大了。

希坎的黄金工艺由提姆文化所继承,提姆文化是 14 世纪中期在北部海岸兴起的一大文化。估计是希坎的金属工匠都被带到提姆的首都羌羌,他们在那里为新主人制作黄金制品。

该王国在 15 世纪后半叶,被来自高原的库斯科的印加人所征服。提姆向印加皇帝表示效忠,作为回报被允许自治,但其王族的许多年轻人以及工匠、手工艺人被带到印加的首都库斯科为印加皇帝效力,闻名世界的印加黄金工艺品恐怕大部分都是出自这些工匠之手。

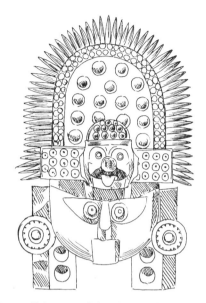

图16　黄金之冠（希坎文化，900年～1100年）

印加的黄金

印加的黄金大部分被西班牙人所掠夺，被铸成了金条，其详细情况不得而知，但即便是从西班牙人含糊不清的记录中也可以看出那些黄金制品数量庞大，而且非常精巧。一名西班牙人士兵记录下了他亲眼目睹溶化黄金制品的情景，那些黄金饰品是作为阿塔瓦尔帕皇帝的赎金被收集而来的。

> 从库斯科运来的宝物数不胜数，除了许多金条，还有造型十分逼真、带穗的玉米棒子，以及沉重的黄金椅，还有几个带水管的大盘子，往盘子里倒水，盘子里便会形成一个小的湖泊，湖上有许多鸟和人，那些都是用黄金制成的。另外，还有许多用纯金制成的与实物大小相等的美洲驼以及牧夫。①

---

① 弗朗西斯科·德·赫雷斯：《征服秘鲁以及库斯科地区的真实报告》，1534页。

正如岛田泉所指出的那样，从察宾时代直到莫切时代，黄金工艺品全都是在秘鲁北部海岸制作的，这一点受到人们的关注。在此之前，人们都认为黄金工艺品是在印加帝国所有地区生产的，但岛田泉对这种观点提出了质疑。估计希坎的黄金工艺受到了莫切的影响。而希坎的黄金工艺又被提姆所继承，再由提姆传承给印加，最终形成了印加的黄金文化。

图 17　墨西哥的托尔铁克·玛雅遗址奇前伊萨

在印加帝国北边的厄瓜多尔，黄金工艺也十分发达。在那里从公元年之后就开始生产黄金制品，这一点已经清楚了。在厄瓜多尔北部海岸的拉·特里塔文化中，有面具、首饰等各种各样的黄金制品。特别值得一提的是，面具的眼部使用了铂。铂的溶点非常高，因此估计那不是炼造出来的，而是将自然状况下发现的铂原原本本地镶嵌上去的。

在厄瓜多尔北面的哥伦比亚，也形成了绚烂的黄金文化，诞生了"黄金之国"的传说。冶金技术本身估计是从中央安第斯传入的，其起始时期并不那么久远，然而在每个地区都制作了独具特色的黄金制品，其中有许多逃过了西班牙掠夺者之手，得以流传至今。

哥伦比亚在流入大西洋的考卡河流域有着丰富的金矿脉,盛产沙金,因而黄金文化得以繁荣。现在,哥伦比亚的西面是巴拿马,西北是哥斯达黎加,过去当然没有这样的国境线,从哥伦比亚到哥斯达黎加一带是具有共同基础的黄金文化之地。不过,巴拿马和哥斯达黎加虽然受到了哥伦比亚的影响,但在艺术造型方面有自己的特色,制作出了风格独特的作品。

哥伦比亚的黄金工艺丰富多彩,称呼也很多,例如有图马可、卡利玛、圣阿古斯丁、铁拉登特罗、纳利纽、特利玛、穆伊斯卡、金巴亚等,估计这些都与厄瓜多尔以及秘鲁的黄金工艺有关联。

在哥伦比亚北部,有泰罗纳、希努、达里安等不同风格,这些风格都是从西面巴拿马传入的。

哥伦比亚黄金工艺在公元500年前后在各地出现,随着时代的变迁,黄金工艺不仅为神殿以及酋长所用,而其产品还被用于交换以及交易。这一点在考卡河流下游的希努部落体现得十分明显,他们不仅制作自己独特的黄金制品,还模仿其他风格的黄金制品,并将其用于交易。研究表明,他们的交易通道最远到达尤卡坦半岛。例如,从伯利兹的阿尔屯哈玛雅王墓实际出土了希努风格的黄金制品,在墨西哥的托尔铁克·玛雅遗址的"牺牲池"也发现了与希努关系密切的达里安风格的黄金制品。

墨西哥的黄金文化

墨西哥人以及玛雅人创造了高度的文明,尽管他们在很长一段时期都不了解金属文化。直到公元900年前后,金属器具才在玛雅地带以及墨西哥中部出现。不过,如前所述,黄金作为交易品被带到那些地方,因此墨西哥人以及玛雅人并非完全没有接触过黄金。不过,至少在10世纪以前,墨西哥人以及玛雅人他们自己并没有以黄金为材料制作艺术品。

墨西哥真正出现黄金制品的时间相当迟,恐怕要等到14～15世纪。瓦哈卡盆地是萨波特克文化繁荣之地,但在14世纪中叶,米斯特克族入侵并在那里定居下来,他们利用自己的艺术才能,创作出了各种各样的艺术品。

位于瓦哈卡盆地中央的蒙特·阿尔邦因为萨波特克文化遗址

图18 费尔南多·科尔特斯

而闻名,考古学家从萨波特克文化最盛期的被称为蒙特·阿尔邦Ⅲ-B的7号墓中发现了米斯特克文化的宝物,米斯特克族用萨波特克族建造的坟墓来埋葬自己的国王。

除了国王的遗体之外,还发现了殉葬者的遗体以及许多陪葬品。其中有彩色陶器,以及以金银、土耳其石、琥珀、珊瑚、珍珠等为材料的精美装饰品。黄金制品多为胸饰以及别针等比较小巧的东西,其工艺十分精湛。墓葬的时期被推定为14世纪中叶。之后,米斯特克族的文化波及到墨西哥附近的普埃布拉,形成了被称为米斯特克-普埃布拉的杰出艺术形式。米斯特克-普埃布拉的工匠为15世纪兴盛的阿兹特克人制作了许多工艺品,其中就有不少黄金制品。特诺奇蒂特兰的阿兹特克国王的财宝曾让1519年侵入墨西哥的西班牙人费尔南多·科尔特斯感到惊叹。

估计其中包括了米斯特克-普埃布拉的精美工艺品,由于那些财宝被掠夺一空,因此基本上不为人知晓。现在,人们只能从德国画家阿尔特多费尔的日记中窥见一般。他曾经在西班牙国王卡尔洛斯一世(1516~1556年)的宫殿看到过从墨西哥运来的宝物。"我看到从新黄金之国运来献给皇帝陛下的宝物。将近1.5米的纯金的太阳像,同样大小的纯银的月亮像,还有武器、盔甲、弓箭等大量珍品。极为奇特的衣服、寝具以及各种罕见的用具。那些物品美得出奇。"

第二章　地中海地区与
印度洋世界

前言

　　东方世界的历史是在地中海与印度洋之间展开的。最后统一东方世界的是阿契美尼斯王朝的波斯帝国(公元前 550 年前后～公元前 330 年)。波斯从公元前 6 世纪开始崛起,随后扩张至印度河流域和安纳托利亚,在公元前 525 年逼迫埃及第二十六王朝最后的法老普萨美提克退位,将埃及全国置于直接统治之下。之后又经历了亚历山大帝国、希腊帝国、罗马帝国这些大国的兴衰,其政治中心逐渐向地中海转移。黄金也因此出现了反复的集中与扩散。

　　但在那个时代,在东面的印度洋,由于沿岸各地物产丰富而且具有地方特色,形成了复杂且广阔的物资以及人员交流的网络。在印度洋东面,有发达的中华帝国。后来,形成了横跨印度洋和中国南海的大交易文化圈,并开始发挥作用。公元 1 千年的世界史不能无视这种国际形势。就在这种历史的变迁中,黄金史迎来了新局面。不仅在印度洋、中国南海也出产有黄金,而且黄金也开始从地中海流向这些地区。

掠夺的时代

黄金的移动

吕底亚最初铸造货币是在公元前7世纪,在那个时代骑马民族大显身手,这在历史上具有重要意义。在此之前,在中亚南部草原地带过着游牧生活的斯基泰人,以及西米利亚人(现在的克里米亚这个地名就是取自这个名称)等开始在西亚崛起,并对传统的大国构成威胁。从公元前7世纪到公元前30年,西亚以及地中海地区各国采取骑马战术,建立新型军事体系以增强自身实力,同时展开了激烈的争斗,那真是一个通过战争进行掠夺的时代。

从黄金史来看,这种掠夺行为具有重要的经济意义。当然,黄金不断从有金矿的地区产出并流向权力集中的地方,或者说黄金汇集到了确立了权力的地方。

黄金因为通商以及交易而移动,但战争与掠夺也是使黄金移动的一个重要原因。让我们来简单地说明一下那一时代的大致情形。

古代在各地积累的黄金频繁遭到以骑马民族为代表的新兴势力的掠夺,阿契美尼斯王朝的波斯成为空前的大帝国,获得了相当多的黄金。那些黄金随后又被马其顿的亚历山大大帝掠夺并流向西方,奠定了希腊时代繁荣的基础。后来,新兴势力罗马掌握了那些财富,成为地中海的霸主。那些集中的或者秘藏的黄金因为战争的掠夺而扩散、移动。而且,经济以及政治权利的中心也同时随着黄金而移动。

亚述的灭亡

巴比伦尼亚人和伊朗高原上擅长骑马战术以及饲养马匹的米底人联手,在公元前612年(另一说为606年)将亚述灭亡,从北方草原地带迁移而来的斯基泰人也与这场争斗有着微妙的关联。米底人曾经击败过斯基泰人,并对之进行统治。在那次战争中,亚述首都尼尼微遭到疯狂掠夺,化为废墟。米底人获得了文明国亚述的巨大财富。从当时的水准来看,在文明程度还比较落后的新兴国家米底帝国流行模仿亚述的风俗习惯,据称许多重臣佩戴金锁以及其他首饰,穿上红色华丽衣裳,摆出一副文明人的架势。

然而,米底随后又受到波斯人居鲁士二世(居鲁士大帝,在位公元前559年~公元前530年)的攻击,在公元前550年灭亡。居鲁士大帝在与米底的战斗中获胜,占领了敌国首都埃克巴坦那,掠夺了大量金银财宝。居鲁士在公元前546年获得波斯国王的称号,着手建设古代东方世界最大的统一国家波斯帝国。

波斯帝国的兴衰

波斯人由许多民族构成,其中既有农耕民,也有游牧民。居鲁士大帝是农耕民帕萨尔嘎傣族人,但他对游牧民、骑马民族的机动性十分了解,也十分清楚亚述为什么会被米底消灭,对西米利亚人、斯基泰等等的掠夺以及攻击行为也相当了解。因此,他一开始就非常关注这些骑马民族、游牧民的动向,并主动对其发动攻击。居鲁士大帝首先进攻小亚细亚,征服了吕底亚王国。如前所述,吕底亚银资源丰富,是最早铸造货币的国家。因此,居鲁士大帝吞并吕底亚在经济上具有重要的意义。

图19　阿契美尼斯王朝波斯帝国首都波斯波利斯遗址

征服小亚细亚之后,居鲁士大帝又将矛头指向东方的高原地区。他先雇佣边境地带的骑马民族,坚守草原地带的前线,以防备来自远方草原地带势力的攻击。后来他发现那种方式效果不佳，于是就自己率军向草原地带出击，试图压制游牧民族的骑兵队，他因此而在边境的战斗中丧生。

后来的波斯国王冈比西斯二世（在位公元前 530 年～公元前 522 年）和大流士一世（大流士大帝，在位公元前 522 年～公元前 486 年）又对印度北部和埃及发动了进攻。波斯帝国因此获得了更多的贵重金属，势力达到了鼎盛状况，当时首都积累了大量金银。这个巨大的阿契美尼斯王朝波斯帝国，被诞生于希腊边境的马其顿的亚历山大大帝（在位公元前 336 年～公元前 323 年）消灭，这一点广为人知。

亚历山大大帝

亚历山大大帝的远征

马其顿在菲利普斯二世的时代，实施了富国强兵的政策，推进社会改革，国力迅速增强。菲利普斯二世还又占领了位于色雷斯边境地区的潘加优斯金矿，垄断了黄金资源，并铸造了高纯度的斯托特金币。勿容置疑，这奠定了马其顿国家实力的基础。菲利普斯为了充实国家实力，还向南面的希腊扩张，在公元前 348 年攻占卡西迪克同盟（希腊东北部的卡西迪克半岛各都市在公元前 432 年从雅典同盟分离，而结成同盟）的主要都市奥林索斯，并在公元前 338 年的喀罗尼亚会战中击破雅典与底比斯的联合军，确立了在希腊的霸权。

但在公元前 336 年，47 岁的菲利普斯遭到暗杀，他的儿子亚历山大继承了王位，这就是后来的亚历山大大帝。亚历山大继承父亲的遗志，采取了扩张政策。他首先控制住小亚细亚，然而沿叙利亚、巴勒斯坦海岸南下，占领了波斯舰队的据点腓尼基的各个都市，进而攻占埃及。尼罗河口以他的名字命名的最早城市亚历山大后来又成为希腊地区最大的都市。

面对亚历山大的攻击，波斯的大流士三世（在位公元前 336 年～公元前 330 年）为了国家的存亡而迎战。两军在底格里斯河东面的平原相遇，马其顿军很快击破波斯军，大获全胜，大流士驱马落荒而逃。

图 20　亚历山大大帝的马其顿军与波斯军在战斗，
右为大流士三世，左为亚历山大大帝

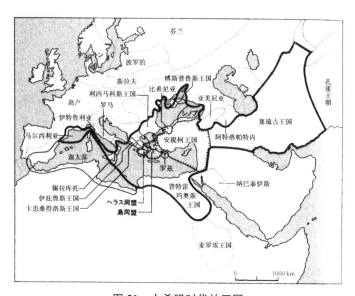

图 21　古希腊时代的王国

　　之后，亚历山大又攻入巴比伦尼亚的古都巴比伦，最终东进占
领了波斯首都苏萨，攫取了波斯王室代代积累的数量庞大的金银
财宝。不仅如此，亚历山大的军队还在公元前 331 年到达波斯的
另一个首都波斯波利斯，将之付之一炬。

公元前 330 年，亚历山大再次向北发动进攻，占领了埃克巴坦那，获得了许多金银财宝。据称，马其顿军队仅从波斯帝国获得的金银财宝就有 8 万塔兰特(约 5.5 万吨)。

波斯人在公元前 546 年吞并吕底亚时，第一次接触到货币。在后来的大流士大帝的时代，开始铸造金币、银币。大流士的金币纯度很高，是优质金币的象征。但在当时，货币的流通有限，特别是只有波斯帝王才拥有金币的铸造权，因此金币主要不是用于流通，而是用来显示帝国威望。波斯人在多次征服战争中获得的数量庞大的贵重金属都没有进入流通渠道，而是被收藏起来了。

亚历山大的远征使那些掠夺来之后被收藏的金银开始用于商业流通。当然，并不是因为亚历山大对流通进行了奖励。公元前 323 年，亚历山大在 33 岁那年死去，之后的半个世纪马其顿帝国的争斗不断，塞琉古、普特雷玛奥斯、安提柯三国分立，各地区之间的流通频繁，促进了黄金的流通。

从希腊时代到罗马时代

在马其顿的三个王国当中，最强大的要数普特雷玛奥斯王国，因为该国拥有肥沃的埃及粮仓地带。普特雷玛奥斯王国以都市亚历山大为中心发展商业，开展通商，给埃及带来了一场经济变革。在那之前，埃及很少有像样的都市。亚历山大是一座按照计划建设起来的都市，拥有藏书多达 50 万册的大型图书馆以及学士院，是一个文化中心。据称，在普特雷玛奥斯王朝末期，亚历山大的人口已达到 100 万。

由于亚历山大大帝远征，希腊文化从地中海传播到东方世界，那与当时形成的大通商圈是表里一体的关系。在地中海地区大显身手的希腊人、腓尼基人、迦太基人等对这个新商业文化圈的繁荣做出了积极贡献。后来，新兴国家罗马兴盛起来，打败希腊人，掌握了地中海的霸权。罗马人还与迦太基人尖锐对立。迦太基人当时着手开拓贵重金属产地伊比利亚半岛。罗马人与迦太基之间展开了三次大规模战争，最终罗马人获胜并成为地中海的霸主。罗马是地中海商业圈内的帝国。

但是，这样形成的从地中海到东方世界的大商业文化圈的发展并不十分顺利。后来,在波斯帝国诞生的伊朗兴起了帕提亚,他们对塞琉古王国发动了进攻。另外,在3世纪诞生的萨珊王朝,他们声称是阿契美尼斯王朝的正统继承者,并与罗马相对抗。

而当希腊人、腓尼基人、迦太基人、罗马人在地中海热心从事商业活动时,从印度洋经马来半岛,到中国南海的广阔海域也逐步形成了远远超过地中海的大规模商业圈,这一点非常重要。

通往亚洲、印度洋之路

通往亚洲的三条路

希腊文化时代是商业迅速发展的时代,亚历山大大帝的征服使得贵重金属流通,为这种发展奠定了基础。亚历山大大帝铸造货币,非常关注商业活动。他征服印度的目的之一就是看重印度洋沿岸活跃的商业活动。

在波斯的大流士一世时代,波斯人对印度十分关注。据希罗多德的《历史》称,在公元前6世纪,在亚历山大大帝的授意下,一个名叫西拉克斯的人从印度河的城市出发,顺流东下入海,渡海向西航行,历经两年抵达苏伊士湾。也就是说,他很有可能是从印度河河口沿海岸穿过印度洋,到达红海北部的。这是发生在公元前510年的事情。另外,据希腊人历史学家阿利安(公元95年前后～175年)在他的《印度志》中记载,在亚历山大大帝征服印度时,其臣下尼尔乔斯率领由150艘船只组成的船队,从现在的巴基斯坦的卡拉奇附近航行到幼发拉底河的河口。

如果亚历山大大帝再长寿一点的话,想必会重视与亚洲非洲的通商,以及构成其前提的探险和征服。他的帝国或许会成为连接印度洋与地中海的最初国家。他之后的塞琉西王朝时代,也非常重视与东方的贸易。塞琉西王朝人通过北方、中央、南方三个通道与亚洲地区进行交往。

北方通道横跨从黑海到里海的区域,沿阿姆河(妫水)东进,经由巴克塔,从印度河上游到达恒河。不过,这条通道在塞琉西王朝时代是否实际使用,对此还存在许多疑问。

中央通道是从美索不达米亚的塞琉西亚出发,经由埃克巴坦那、赫卡托姆皮洛斯、巴克塔，然后抵达印度。作为这条通道的补充，还可以从塞琉西亚出发，沿底格里斯河而下到达波斯湾，再沿海岸航行至印度。另外，还可以从塞琉西亚出发，溯幼发拉底河而上，到达黎凡特地区的安条克。因此，安条克作为东西贸易的要冲大为繁荣。在希腊文化时代，埃及的亚历山德里亚、叙利亚的安条克、美索不达米亚的塞琉西亚，这些都是十几万人口的繁华大都市，特别是亚历山德里亚成为文化中心。而且，由于希腊人的大量迁移，以往在希腊本土繁荣的希腊文化的中心毋宁说转移到了埃及。

希腊人向非洲迁移，的确是托勒密王朝基于初期国王的政策来实施的。不过，在希腊很早就有人前往埃及，他们作为法老的雇佣军，另外也有人作为商人从公元前7世纪前后起就十分活跃。

希腊商人在埃及的末期王朝时代，在位于后来的亚历山德里亚附近的诺克拉底斯定居，积极从事希腊与埃及之间的贸易。土地贫瘠的希腊需要埃及的小麦，为此向埃及出口橄榄油以及葡萄酒，而其最重要的进口品是白银。

如前所述，埃及没有货币，但白银作为贵重金属受到人们的偏爱。在埃及发现了大量从希腊进口的银币，就能说明这一点。值得关注的是，大部分希腊银币产自北部的色雷斯以及马其顿地区。

第三条通道是南方通道，横穿阿拉伯，抵达阿达纳（亚丁），再从那里经海路到达印度。南方通道由印度以及阿拉伯的商人主导，印度人将商品运往红海入口处的阿达纳，阿拉伯人则将那些商品经由阿拉伯半岛西端运往北方。而且，那条通道还能通往亚历山德里亚、安条克、塞琉西亚当中的任何一处。

托勒密王朝的印度洋贸易

托勒密王朝的埃及在托勒密一世时代对红海进行探险，发现了图帕兹岛。到了托勒密二世的时代，在苏伊士湾建造了几个港口集市。但是，埃及在公元前198年开始从小亚细亚撤退，目标转向南方。

在那之后，埃及对南方的关注度进一步提高，在红海沿岸建造了几个停靠码头，那些地方后来都发展为商业都市。据称，亚历山德里亚的希腊商人开辟的航路从红海一直南下到达非洲东岸的佛德角，他们从那里获得了用于战斗的大象，还有象牙。

在公元前 2 世纪，托勒密王朝失去了在叙利亚南部以及爱琴海地区的势力范围，因此越来越重视南方贸易。北面在现在的苏伊士运河附近建设了库勒欧帕特里斯，南面在离德曼海峡不远处建设了阿西诺。据希腊地理学家斯特拉博（公元前 64 年～公元前 11 年）记载，当时希腊一个名叫瓯多克索的商人由印度人领航，从红海成功航行到印度。这说明亚历山德里亚的希腊商人开始直接介入了一直由印度人和阿拉伯人垄断的商业通道。

托勒密王朝如此关注印度洋，是因为印度洋沿岸物产丰富，而且那些物产的贸易也十分活跃的缘故。非洲的象牙，印度的宝石、香料、玳瑁，东南亚的香料，中国的丝绸、陶瓷器等等，这些都是希腊各王朝上流阶级所珍爱的物品，而这些物品在地中海地区是绝对无法获得的。

在之后的 1 世纪，希腊地区的政治受到来自新兴势力罗马帝国的威胁，塞琉西王朝在公元 30 年灭亡，叙利亚也成为了罗马下属的一个州，亚历山德里亚的南方贸易由罗马所继承。

在希腊商人撰写的《厄立特里亚航海记》中，对托勒密时代印度洋贸易的相关信息进行了详细记载。该书撰写于罗马时代的公元前六七十年前后，作者是住在埃及的希腊人。书的内容是关于红海、波斯湾、阿拉比亚海、印度洋海上贸易的指南。流传至今的是 10 世纪的抄本，堪称奇书。可以说，该书原原本本反映了希腊时代希腊人所拥有的信息。阅读该书，不免对当时印度洋贸易的规模之大、物资之丰富感到惊叹。另外，地中海的商人是用多么羡慕的眼光看待这个大商业文化圈，这一点也表露无遗。就在印度洋沿岸的通商贸易和地中海的通商贸易开始连接起来的时期，那里的金银等贵重金属问题就已经凸现出来了。

中国与罗马

激烈动荡的公元前 3 世纪

公元前 3 世纪，东西方世界都发生了一些重要事件。

首先，在公元前 276 年，安提柯二世登基，成立了将马其顿王国与大部分希腊都市国家都置于统治之下的希腊王国。在地中海地区,新兴国家罗马开始扩大势力,与之前掌控地中海的迦太基进行抗争,于公元前264年爆发了布匿战争。公元前202年,在扎玛城战役中,汉尼拔的迦太基军败北,布匿战争的胜负已成定局。之后,罗马与迦太基的抗争还持续了一段时间,直到公元前140年,以罗马的胜利而告终。

图22　突尼斯郊区的迦太基遗址

　　在中东,公元前248年前后,帕提亚实现了独立。在密司立对提一世(在位公元前171年前后～公元前138年前后)的时代,将版图大幅扩大,不过,其间也屡屡遭到外族的入侵,内乱也持续不断。226年,萨珊王朝成立,开始了第二次波斯帝国的时代。

　　在印度,公元前4世纪末,成立了统一政权孔雀王朝。公元268年前后,阿育王即位,孔雀王朝迎来了最盛期。

　　东亚的形势也发生了急剧变化。公元前221年,秦始皇统一中国。在东亚,以中国为中心,自古以来农耕文化繁荣,从殷朝起经春秋战国时代,到这个时候形成了统一王朝。秦的统一只持续了15年。公元前202年,汉王朝成立。在汉代,中国与西方的大秦国即罗马之间开始有了交往。

　　罗马首先征服了意大利半岛,公元前168年,在皮德纳战役中击败马其顿王国军队,将马其顿强行分为4个共和国,并于公元前

图 23 阿皮亚古道，熟语"条条道路通罗马"的象征，
公元前 4 世纪末始建

148 年将其纳入罗马的版图。接着又在公元前 146 年将迦太基消灭。另外，还将斯巴达以外的伯罗奔尼撒半岛各国都编入下属的马其顿州。公元前 63 年，又征服了叙利亚和巴勒斯坦，并将其纳入自家的版图。塞琉古王朝在当时迎来了鼎盛期。另外，公元前30 年统一埃及时，又将尼罗河口肥沃的粮食产地和努比亚的黄金产地归罗马所有。117 年，图拉真大帝远征美索不达米亚，将亚述变为罗马下属的一个州，罗马的版图达到了历史上最大规模。

　　罗马人称地中海为"我们的海"，并以地中海为中心，建立起了世界帝国。

　　在欧美的历史书中，常常可以看到用"世界帝国"来表述罗马，但这种表述会带来误解。罗马所统治的只是地球上很少一部分地区，充其量只是"地中海地区"，因此将罗马称为"地中海地区帝国"或许比较合适。在东方，一开始是帕亚提，后来则是萨珊王朝波斯与罗马对峙，阻止罗马向东面扩张。而且处于罗马统治下的西欧以及巴尔干地区是文化比较落后的偏僻地区。

　　罗马继承了托勒密王朝的方针，关注南方贸易，这是顺理成章的事情。在罗马帝国成立以后，统治阶级对于东方丝绸、香料等奢侈品的需求增大，经由红海与印度洋的交往越发频繁起来了。但实际上，作为商业文化圈来看，地中海地区的交易品种是陶瓷器、蜂蜜、橄榄油、葡萄酒等等，这些都是很一般的物品，获利最大的商品恐怕是奴隶。据称在罗马时代，因为狄洛斯同盟（公元前478年，爱琴海沿岸的希腊都市为了与波斯的海上势力对抗而结成的同盟）而闻名的狄洛斯岛上的奴隶交易十分盛行。

像这样，商品种类较少的地中海地区希望从东方世界获得奢侈品。罗马主要依靠埃及的希腊商人与印度洋通商，另外也试图从陆路到达中国，这是很自然的事情。

罗马与印度洋

在奥古斯都皇帝（在位公元前27年～公元14年）的时代，一年有120艘船只从红海西岸港口出发，驶向非洲以及印度。地理学家指出，当时曾有船只到达过印度河的河口。

在提笔略皇帝（在位14年～37年）的时代，一个名叫西帕路斯的希腊商人首次利用季风从红海航行到了印度河的河口，而不是沿海岸航行。印度洋的季风夏季有西南方向的，冬季有东北方向的。季风一词源于阿拉伯语，那后来成为欧洲的词语monsoon。西南方向的季风当时被称作"西帕路斯之风"。利用这种季风的直线航行开拓出来之后，4个月就能从罗马到达印度。

虽说这种西帕路斯航路横穿印度洋，但位置还是相当偏北，到达地似乎是印度河的河口与坎贝湾之间的地方。香料以及宝石的产地在更南面的马拉巴尔海岸，因此不久有航海者朝着与季风稍微相反的南面行驶，成功抵达斯里兰卡以及印度南部的重要港口。像这样，从阿达纳（亚丁）到马拉巴尔海岸的航海大约需要10天。

在印度洋航行的人当中尽管也有罗马人，但大多是希腊裔商人。他们很早就关注到了香料，为了购买香料，从地中海运去玻璃制品、高级纺织品、陶器、罗马货币等。

像这样，直到1世纪为止，印度洋都是连接地中海与亚洲的重要桥梁，通商十分频繁。

印度以东，则是印度商人的地盘。他们定居在印尼以及马来半岛苏门答腊、爪洼等，还到达了中国南部。也有证据表明，希腊人、罗马人夹杂在印度商人当中，曾到过中国南海进行贸易。

据 2 世纪的亚历山德里亚的希腊天文学家、地理学家普特雷玛奥斯·克劳迪亚斯的记载，在罗马的哈德良皇帝（在位 117～138 年）的时代，"亚历山德罗斯从马来半岛进入暹罗湾，到达卡提噶拉"。估计卡提噶拉是当时印度支那的地名。在后来的大航海时代，这个地名就成了航海家们的目的地。

罗马人航海到中国

之后，罗马便与中国有了接触。在 1 世纪，两者通过丝绸之路曾有过间接交往。在 2～3 世纪，罗马人从南方海路抵达中国。具体来说，是大秦国皇帝安敦（马可·奥勒利乌斯）的使者在 116 年出现在受东汉影响的印度支那的日南。罗马使者后来又在 226 年以及 284 年二度抵达中国。

东亚的中华帝国与罗马处于两极的位置，在经历了秦汉以及三国魏晋南北朝时代之后，在 7 世纪建立起了隋唐大帝国，其规模远远超过罗马帝国，人口众多，生产力也很发达。因此，所积累的巨额商业财富远非罗马帝国所能比拟，决不能将西方的罗马帝国与中华帝国相提并论。简而言之，罗马是军事强国，罗马人擅长政治，但经济上绝不富裕。而中国幅员辽阔，强大而且富裕。印度洋东西的两大帝国之间所存在的这种差异，千万不能忘记。

中国与南海

公元前 221 年，秦始皇统一中国后就在中国南部聚集兵力，在现在的广东和广西壮族自治区设置了南海、桂林、象郡三郡。南海首府设在番禺即现在的广州，那里后来成为南海贸易的门户。这表明在当时的中国人眼中，南海是一个有商业价值的地方。

《史记》中记载了一个故事。在战国时代，七雄之一的赵国君主向最南面的楚国派遣使者，为了威压对方，特意让使者穿上华美的衣服。没想到楚国有食客三千，个个都穿着带珍珠的鞋子，反而让赵国使者蒙羞。那个时候，南海贸易恐怕已经开始了。

秦国灭亡之后，南海郡独立，建立了南越国，统治上述三郡，还将北越的一部分地区置于统治之下。从最近发掘的王墓文物中可以清楚看出当时南越的富裕程度。后来，汉武帝（在位公元前141年～公元前87年）在公元前11年派军将南越国消灭，将越南北部以及中部都置于统治之下。其结果是，中国与南印度之间有了交往。据《汉书·地理志》记载，当时与南印度交往的路线有两条：一条是沿印度支那半岛南下，到达马来半岛北岸，再从陆地横穿马来半岛，越过孟加拉湾，到达南印度的黄支国（指从4世纪至8世纪统治南印度的帕拉瓦王朝的首都甘吉布勒姆）；还有一条是从印度支那经由暹罗湾，通过马六甲海峡进入孟加拉湾，再到达黄支国。从《地理志》可以看出，在汉朝，就有中国人前往缅甸、印度，并用金银、丝绸来交换南海

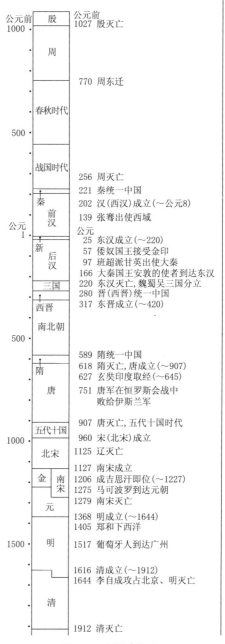

图24　中国史年表

黄金的世界史

物产。

从 2 世纪前后起,在印度支那半岛南部出现了印度裔殖民者,兴起了林邑以及扶桑等国。扶桑国屡屡向中国朝贡,将南亚的物产带到中国。临邑以及扶桑国的成立,给中国南海与印度洋之间交往以及通商带来了很大的变化。

像这样,随着中国国力以及经济实力的增强,中国的产品逐渐渗透到了印度洋各地,加上印度洋沿岸各地原本就有物产交易,因此形成了从红海、波斯湾到中国南海的广阔海洋通商文化圈。可以说中国对于印度洋通商文化圈产生了巨大的影响,而西面的罗马只不过是拼命购买印度洋、中国南海地区的贵重物资。因为罗马帝国没有能与那些奢侈品交换的优良的产品,所以他们只能靠支付贵重金属来获得。

罗马与中国的黄金状况

罗马的货币

在此先谈一谈与罗马的金银以及货币相关的情况。首先,看一下金银资源。作为罗马帝国的经济基础,罗马人所获得的金银当然具有很重要的经济意义。罗马人掌控了小亚细亚、希腊本土、马其顿、伊比利亚半岛等地的金矿和银矿,从埃及掠夺了巨额财富。关于罗马所拥有的金银数量,有各种各样的说法。但可以肯定,其数量在古代帝国中是最多的。

然而,看一看罗马帝国货币的起源就会发现,货币的铸造未必是出于经济上的需要。在公元前 4 世纪,罗马人就已经开始零星地铸造银币,但没有证据显示那些银币曾经流通过。例如,在庆祝大道开通时铸造银币,那些银币都具有纪念币的性质。在日本,708 年铸造的“和同开珎”就是为了纪念武藏国献上了铜这一事情。不过,在公元前 4 世纪的罗马,银币不是为了交换的商业目的而铸造的,而是作为便于分配的战利品或者便于支付给士兵的报酬。也就是说,货币在经济上的重要性被限定在最小限度,那是为了国家财政,为了彰显国家威望而铸造的,我们不妨这样来看待。在公元前 269 年,罗马帝国铸造了大量的银币,那被称为第都拉黑码银币。

图 25　恺撒大帝　　　图 26　罗马的货币（249 年～251 年）

后来，随着罗马帝国对地中海经济介入程度加深，铸造了迪纳厄斯银币，那主要是用于对外贸易。金币也零星地铸造了几次，明确用于流通的则是在凯撒时代的公元前 46 年铸造的奥里斯金币，重量为 8.1 克。而且，还铸造了青铜货币赛斯特提，形成了 1 奥里斯等于 25 迪纳厄斯，1 迪纳厄斯等于 4 赛斯特提，1 赛斯特提等于 4 阿斯的货币单位体系。布匿战争结束后，罗马获得了伊比利亚半岛的金银，这一点具有决定性意义。据称，在公元前 2 世纪的大约半个世纪，罗马用伊比利亚的白银铸造了 2 亿迪纳厄斯的货币。另外，从公元前 56 年到公元 500 年之间，仅伊比利亚半岛就向罗马提供了 1 千吨黄金。

罗马金银的流失

但是，罗马帝国所积累的大量黄金并没有留在帝国内部，而是不断流失，并由此引发了严重的财政问题。

原因是多方面的，其中之一便是国家的支出的增大。随着帝国版图的扩大，支付给士兵以及雇佣军的金银数目变得十分庞大。而且，在罗马帝国末期，随着西北日耳曼各国的兴起，军费开始占据国家预算的一半以上，最终超过了 200%。

第二个原因是与东方的贸易。这与其说是国家财政支出，不如说是罗马帝国的贵族以及上流阶级将他们所积累的金银，用于购买他们所喜爱的印度洋地区的香料、宝石、象牙、丝绸、陶瓷器等物品。这些进口物品原则上都要用黄金来购买，因此大量黄金流向印度洋地区。罗马帝国的金银币不仅在印度洋各地，在印度支那也被发现。在前面提及过的《厄立特里亚航海记》中，也曾指出罗马帝国的上流阶级对东方奢侈品的欲望致使金银大量流失。

贵重金属储蓄的枯竭，必然导致劣币的出现。在罗马帝国后半部分，一直在铸造劣币。在塞普蒂默斯·塞维鲁帝（在位 193～211 年）时代，迪纳厄斯银币的成色含银量被降至 50%，并维持了一段时间。到 265 年以后，银币的成色迅速恶化，后来居然变成了镀银，由此引发了严重的通货膨胀。

根据推算，在 301 年，1 里布拉（罗马磅）的黄金约值 5 万迪纳厄斯，但不到 4 年上涨至 12 万迪纳厄斯，在 324 年为 16 万 8 千迪纳厄斯。到了 4 世纪后半叶为 37 万 3 千迪纳厄斯，5 世纪中叶为 50 万 4 千迪纳厄斯。与此同时，埃及也遭遇了更为严重的通货膨胀，含金量 4.5 克的苏勒德斯金币与在埃及国内流通的德拉克马之间的比值，在 100 年间由 1 比 4 千变为 1 比 1.8 亿。

另外，奥里斯金币的含金量也不断下降。在开始铸造时为 8.1 克，而在 400 年后的 367 年，则减少至 3.8 克。陷入这种经济萧条的罗马帝国在 476 年灭亡，可以说金银流失东方也是其灭亡的原因之一。

中国与印度

在这里再谈一谈中国的金银出产状况。中国原本是黄金出产国，中国人自古以来就特别看重黄金。但值得注意的是，中国人不像古埃及人、古希腊人，印加人那样对黄金抱有宗教的、神秘的执着。

早在战国时代，上流阶级就使用黄金，那主要是用于馈赠、谢礼、贿赂等，而不是用作货币。可以说，贵重金属被上流阶级所垄断。

汉朝成立之后，中国成为黄金丰富的国家。被汉朝所征服的周边民族开始向汉朝进贡黄金，中国国内也出产黄金。汉武帝除了设置商品的关税，还使酒成为专卖品，进而要求诸侯进贡黄金，如果黄金纯度不符合要求，会没收领地。可见汉武帝对收集黄金十分执着。但汉武帝也没有将黄金用作货币，而是实施均输法防止物价变动，将白银用作货币。后来，白银逐渐流通，到了明朝成为事实上的本位货币。

不过，汉武帝特别重视青铜的五铢钱（公元前111年）。从那个时候起，铜钱被统一称为五铢钱，那种形状一直成为后世的标准。除了青铜钱，也有金币。那被用作货币的价值标准。黄金1斤（约600克）相当于铜币1万枚。

到了汉朝末期，黄金的保有量减少了。那一方面是因为用于佛像、佛具装饰的金箔消耗了黄金，另一方面则是因为朝贡贸易、交易，黄金大量流失。也就是说，在与西域的交易，以及与以番禺为据点的南海贸易等等当中，作为进口奢侈品的代价支付黄金。那些黄金开始流向印度以及东南亚各国。据《前汉书》记载，中国人用丝绸与黄金换取南海的宝石、珍珠等等。

印度也产出一定的金银，在孔雀王朝（公元前317年～公元前180年）时代就用印度本国出产的金银铸造了金币和银币。印度至少在德干高原拥有黄金产地。另外，从西方地中海地区（罗马帝国）以及东方的中国也流入大量黄金。1世纪初是印度经济大发展的时期，在印度全国发现的金银数量从这个时期开始迅速增加。在北印度，贵霜王朝以罗马金币为原形，开始铸造金币。在南印度，则流通罗马金币。

东南亚的黄金对于印度来说也是重要商品。在印度史上，称马来半岛为"黄金之国"，因为当时印度的船只为了获得黄金，直接驶往马来半岛。除了马来半岛，苏门答腊、婆罗、爪洼、菲律宾群岛也都出产黄金。

第三章　世界贸易的扩张时代

序言

在整个古代和中世纪,世界贸易的中心就位于环印度洋—中国南海的地区。其东西两端分别是地中海和东亚世界,而日本与欧洲则分别位于两处的边缘,都依存于中心区域。当然这两地都有自己固有的经济运作方式,但没有在国际上普及开来。

由于东方隋唐的统一以及西方伊斯兰国家的兴起而使环印度洋—中国南海的通商、贸易和文化交流十分活跃。特别是伊斯兰连接了地中海地区和环印度洋—中国南海地区,构建了西到西班牙,东到中国南部的广阔的交易圈。另外,在 10 世纪中期,宋朝成立之后不久,中国经济开始了前所未有的高速增长,后来被蒙古人所建立的元朝所继承,经济呈现出空前的盛况。受此影响,从中国南海到印度洋人员和物资的往来变得更加频繁。

在这样的经济动态下,黄金的流向也发生了很大的变化。但总体流向都是从地中海和中国流向环印度洋—中国南海地区,因此这两个地区出现了周期性的黄金危机。另外,在中国逐渐确立了银本位经济,而在伊斯兰地区各地则是为争夺贵重金属产地而不断发生地域性分裂与斗争。

唐朝和伊斯兰

拜占庭帝国的货币制度

西罗马帝国灭亡之后,地中海暂且被纳入拜占庭帝国(东罗马帝国)的势力范围。除了查士丁尼大帝(在位 527～565 年)曾经统治过整个地中海地区的特殊时期之外,东罗马帝国的统治范围仅限于地中海东部地区。但从经济史的角度来看,拜占庭帝国在维持罗马帝国货币制度这一点上起到了重要作用。

1 罗马镑黄金的 72 分之 1,也就是包含了 1.52 克黄金的诺米斯玛塔金币是其货币的基准。1 枚诺米斯玛塔相当于 12 枚银币,1 枚银币相当于 10 枚铜币。诺米斯玛塔金币的纯度从 4 世纪的君士坦丁一世到 11 世纪的尼基弗罗斯三世的 700 年间一直保持不变,这一壮举受到了广泛的关注。诺米斯玛塔金币不仅在地中海地区,而且在整个印度洋地区也是作为最值得信赖的通用货币流通。

图 27 查士丁尼大帝

但是,在尼基弗罗斯三世时代降低了诺米斯玛塔金币的含金量。其后在 13 世纪的帕里奥洛加斯王朝(1261～1453 年),诺米斯玛塔的价值急速下降,这与拜占庭帝国的经济状况有很大的关联。

西罗马帝国灭亡以后,拜占庭帝国控制了非洲和叙利亚,不仅将努比亚的黄金置于自己的掌控之下,还成功获得了北方乌拉尔地区的黄金。此外,拜占庭作为东西交通的要冲,拥有许多物资丰富的市场,从市场中所征得的税金和商业利益提高了拜占庭的经济实力。在上述的 700 年间,拜占庭在东地中海的商业地位不曾动摇过。尽管东方有强大的波斯帝国的萨珊王朝,东方的贵重物资还是源源不断通过北方通道和南方海运流入拜占庭。

拜占庭帝国还垄断了东方的丝绸贸易,以丝绸为材料制成的豪华金线针织锦缎和装饰品在西方世界很受欢迎。因此,拜占庭帝国在经济上拥有富余,黄金储备非常充足。但其经济活动的重心始终在地中海地区,不具有向东扩张的国际性实力。

7 世纪伊斯兰势力兴起之后,这种状况仍然持续。由于伊斯兰势力的扩张,拜占庭失去了叙利亚和埃及,特别是因为无法再依靠

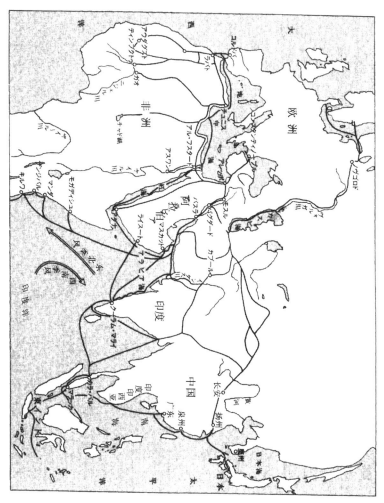

图 28　伊斯兰时代的世界贸易通道

埃及的农业生产而受到沉重打击,但小亚细亚的农业很快就开始
替代埃及的农业。另外由于阿拉伯的活跃,促进了东方物资的进
口,拜占庭的商业反而通过间接途径而变得更加繁荣。实际上,在
拜占庭的商业史上,可以说 9 世纪至 10 世纪是最鼎盛时期。

　　1096 年第一次十字军东征以后事态开始恶化。本应该支持基
督教的十字军与拜占庭的关系发生了微妙的变化,尤其是第四次
十字军占领了首都君士坦丁堡,拜占庭帝国曾一度被拉丁帝国

(1204~1261年,受威尼斯商人支持的第四次十字军占领君士坦丁堡成立的国家)所替代。这一时期,由热那亚人、比萨人和威尼斯人所构成的意大利人在东地中海地区的活动变得频繁起来,屡屡威胁到在黑海方面进行贸易活动的拜占庭势力。14世纪,当奥斯曼土耳其帝国侵入地中海地区时,拜占庭的势力曾一度衰退。周边地域被陆续占领,先后失去了巴尔干半岛和小亚细亚。最终在1453年,首都君士坦丁堡被奥斯曼军所占领,拜占庭帝国灭亡。

伊斯兰的登场

7世纪入侵地中海地区的伊斯兰势力,转瞬之间席卷北非,又入侵西班牙,711年甚至越过比利牛斯山脉入侵到法国南部。面向东方,在637年的卡迪西亚战役和642年的尼尼微战役中打败波斯军,651年消灭波斯的萨珊王朝,还在711年进一步入侵印度。751年,在发源于天山山脉北麓的塔拉斯河畔,伊斯兰军队还击破了唐朝军队。

其后伊斯兰势力虽然在政治上曾分裂为好几个地方政权,但均信仰同一宗教,在吸收希腊文化的基础上分别在各地创建了有各自特色的文化。从经济的角度来看,从伊比利亚半岛到印度、中亚地区的广大区域都受到了伊斯兰文化的影响,形成了一个横跨东西方的广大通商贸易圈。该通商贸易圈比亚历山大统治的范围要广得多,或者说亚历山大所没能实现的愿望由伊斯兰实现了,也就是说印度洋地区和地中海地区连接成了一体。

伊斯兰获得黄金

伊斯兰势力进一步强化了印度洋地区和地中海地区的传统交往,使全世界范围的通商贸易变得更有活力,然而伊斯兰活动的最初目的在于获得贵重金属。伊斯兰势力通过征服掠夺来的贵重金属数量令人惊叹。例如,637年,在攻破波斯的萨桑王朝时,掠夺了其首都泰西封的财物,并且在埃及尼罗河上游的栋古拉掠夺了大量黄金。在西班牙,掠夺了西哥特王国托莱多的黄金,在印度也掠夺了大量的储备黄金。另外,伊斯兰势力原本对其他宗教持宽容态度,但不久却将目光投向叙利亚以及埃及的基督教会所持有的贵重金属,强迫他们提供黄金。在埃及,掠夺了法老的墓室并获得了大量的黄金制品。在伊斯兰入侵努比亚时,努比亚的黄金已几近枯竭,因此伊斯兰主要依靠从埃及获得黄金。

像这样,各地收藏的黄金因伊斯兰势力的掠夺而扩散、流通,这在很大程度上刺激了他们的商业活动。

在伊斯兰地区,相对于银币迪拉姆,金币第纳尔更具优势地位。关于这一点只要考虑到伊斯兰势力所获取的巨额黄金就不难理解了。

金币和银币起初只是在阿拔斯王朝(750～1258 年)时的大马士革铸造,不久在帝国的西部、东部主要城市也开始铸造。从阿拔斯王朝的屠杀中逃脱出来的倭马亚王朝的王子在西班牙建立了后倭马亚王朝(756～1031 年),直到 9 世纪为止这里一直铸造迪拉姆银币,不久之后也开始铸造第纳尔金币。西班牙的伊斯兰教徒通过犹太人大量购买欧洲的奴隶,作为代价支付第纳尔金币,这给原本黄金资源匮乏的欧洲经济带来了很大的活力。

唐朝的建立

让我们再次将目光转向东方世界。东亚也发生了巨大的政治变革,220 年后汉灭亡以后,经历了三国时代,东亚开始走向分裂与遭受北亚游牧民族侵略的时代。6 世纪末,隋朝实现统一。618 年大唐帝国成立,政权持续到 10 世纪初。

从政治的角度来看,唐朝中央政府仅在 755 年的"安史之乱"之前拥有强大实权,"安史之乱"之后帝王权力衰退,节度使即地方军阀掌握了实权。

然而从经济方面来看,唐朝的经济增长极其顺利,贸易发展到空前规模。

众所周知,隋炀帝(在位 604～618 年)时开凿了贯穿中国南北的大运河。大运河起初是官府专用,唐代中期以后才允许一般老百姓使用。中国南海贸易盛行,形成了环绕欧亚大陆的世界交通路线。以地中海为起点,形成了叙利亚—波斯—粟特地区—塔里木盆地—敦煌—长安—洛阳—大运河—扬州—东海—泉州—广州—占城—马来—斯里兰卡—阿拉伯海—红海—叙利亚这一环绕欧亚大陆一周的交通路线。

伊斯兰商人在印度洋的活动也日益频繁。他们的中转港口有波斯湾的巴士拉、斯拉夫以及阿拉伯半岛的苏哈尔、马斯喀特、阿达纳等。从这些港口驶出的商船直接驶向马拉巴尔海岸，再经过马六甲海峡到达广州，所需时间大约是 3 个月。当然，因为要利用季风，夏天从波斯湾出发驶往马六甲，再利用西南风到达广州，回程利用冬天的东北风。

这些都是利用大型船只的远洋航海，除此之外还有利用小型船只的沿岸航海。

伊斯兰商人进入中国的活动从 7 世纪末开始盛行，在广州、扬州等地还出现了伊斯兰人的居住地。其中广州作为中国最大的港口城市繁荣起来。据中国史书记载，住在广州的伊斯兰商人积蓄了巨额财产，极尽奢靡，这些伊斯兰商人被称为"大食"。

中国的货币制度

广州的繁荣不仅源于中国南海贸易的兴盛，另一方面吐蕃（7世纪初期到 9 世纪中期兴盛的西藏人的王朝）以及维吾尔等在唐朝西北部的势力扩张使得陆路贸易萧条也是原因之一。

另外，在唐朝经济史上值得引起注意的是，自汉朝五铢钱之后一度中断的货币制度再次恢复。唐高宗（在位 618～626 年）时代铸造了被称为"开元通宝"的铜钱，但未能顺利流通。玄宗皇帝（在位 712～756 年）时代又铸造了"开元通宝"，这次却成为标准的货币形式，其重量直到后世仍被长期沿用。而且，这种铜钱还传到日本，成为日本钱的典范。

在中国，流通的货币主要是铜钱。另外，白银比黄金更受重视。唐朝由于贸易的兴盛，黄金向海外流出的倾向仍未改变。到了宋代，中国的黄金数量就更少了。而且由于产银不多，出现了把黄金换成铜钱以购买白银的倾向。但自古以来，中国的金银比率一直是六比一，与外国相比黄金比较便宜，而白银相对较贵。因此，形成了白银从国外流入的倾向。到了明代，白银成了事实上的本位货币。

宋元时代经济的高度成长

宋朝的繁荣

宋朝(960~1279年)时期中国经济划时代的高速增长对印度洋—中国南海贸易的发展起到了决定性作用。唐朝灭亡(907年)以后,经过五代十国,从宋太祖赵匡胤(在位960~976年)开始算起,有北宋的170年和南宋的150年,前后持续了320年。虽说宋朝政治动荡不止,但经济却持续增长,在中国经济史上引发了一系列划时代的变化。

体现这个时代经济增长状况的最佳指标是货币的流通。自汉代的五铢钱流行以后,经过三国时代、五代十六国和南北朝时代,货币的流通一度衰退。到了唐代,开元通宝开始流通,而宋代则是空前的货币流通的时代。

如前所述,中国货币主要是铜钱。宋代一开始流通开通元宝,之后铸造了大量钱币,不仅在本国流通,而且还普及到日本以及南亚、东南亚。流通的扩大催生了纸币的出现。最初是被称为"交子"的四川民间纸币。1023年,朝廷正式发行纸币,这是历史上最早的纸币。除此之外,宋朝还发行了有价证券和票据。

流通的扩大意味着产业和商业的发展。实际上,宋代的中国,商业化和流通经济的发达是一举实现的。

首先是燃料革命。燃料问题自古以来是好几个文明灭亡的原因之一,因为以木材为燃料,森林会遭到破坏,土地干涸,城市难以为继。而中国自古以来一直将华北地区蕴藏丰富的煤炭用作燃料,因此没有像其他古代文明一样发生燃料危机。煤炭不仅在家庭的日常生活中使用,还促进了炼铁术和制陶技术的发展。11世纪初期,焦炭被用于制铁,为铁的大量生产作了铺垫,这比英国利用焦炭早了近800年。

另外以江南地区为中心,大米、茶叶、丝绸等经济作物的开发继续推进,城市从之前的政治中心开始向商业中心转变。另外,货币经济还渗透到了农村。与之前的中国农村的生产方式相比,发生了巨大变化。

谷类种植孕育了中国黄河流域的文明。一开始种植粟、稷，后来种植从西亚传入的小麦等。江南地区以水稻种植为主，但在北方文明之地的人看来，江南是南蛮之地。但从唐代到北宋、南宋，由于品种改良以及采用一年两茬的耕种制度，水稻的生产量飞速增长，同时小麦的种植也普及开来，江南地区的经济实力大幅度增长。例如，自隋、唐以来，一直利用运河向北方大都市运送物资，据称唐朝时候运输量仅 200 万石左右，到了北宋时期已达到 620 万石左右。后来，北宋被金所灭，但在江南雄厚的经济基础之上，南宋文明走向繁荣。

宋朝生产力和商业的空前发展当然也促进了海外贸易的繁荣。中国商人频繁进入中国南海活动，特别是 12 世纪以后的贸易增长十分显著。首先是泉州，随后广州从南宋到元朝作为贸易港口兴盛起来。广州和泉州从南海大量进口宝石、象牙、犀角和香料等，中国的出口品有黄金、白银、丝绸以及陶瓷器和货币。

海上帝国蒙古

这里不得不提一下元朝与印度洋—中国南海贸易圈的关系。

蒙古本来是亚洲内陆的游牧民族，入侵中国建立元朝以后，为了与南宋相抗衡而致力于水军建设。后来，在 1279 年消灭南宋，将其水军收编。进而提拔宋朝末期泉州市舶司（海关关长）伊斯兰豪商蒲寿庚，将其所管辖的南海贸易商船队变为自己所用。这样一来，元朝在从中国南海到印度洋的广泛区域扩张了势力范围，成为一大海上帝国。元朝将武装船队送至南方，强迫各国与元朝建立朝贡关系，频繁开展贸易。如此一来，中国商人开始进入到印度洋西岸活动。

在中国大陆，大运河得到治理，横贯欧亚大陆的陆路和海上交通有机结合起来了，泉州在元朝比宋朝变得更加繁荣。马可·波罗（1254～1324 年）访问该地时，曾感叹其为世界最大的繁华港口。他在《东方见闻录》里面写到，"在亚历山德里亚港，当一艘为基督教国家提供胡椒的船只入港时，在泉州有 100 多艘同样的船只在等待入港。"

并且，蒙古王族和宫廷通过掠夺和课税获得了数量巨大的金银。但在经济方面，白银的地位更加重要。白银逐渐向平民社会渗透和流通，为之后明朝的银本位制奠定了基础。

东西贸易的发展

印度洋—中国南海贸易圈

如前所述，在西起伊比利亚半岛，东至东南亚的广泛区域形成伊斯兰圈，展开了前所未有的广泛的通商、贸易活动。从 10 世纪到 13 世纪，中国经济的高速增长给这一贸易活动带来了巨大的活力。可以说当时的世界是以伊斯兰圈以及中国为轴心而展开的。在海上活动方面，虽说地中海、印度洋、中国南海、中国东海等都成为商业活动的舞台，但是印度洋—中国南海一带才是商业活动的中心。

从航海技术层面来看，中国当之无愧处在领先位置。从南宋到元朝，从东南亚经印度洋到波斯湾的大型船只几乎都是中国船。那些船大型的有 50 到 100 间客舱，由数百甚至上千名船员来操作。为了防止海盗，船员进行了全面武装，用指南针测定方位。当时大西洋和太平洋还不为人们所熟悉，因此可以说世界史舞台是以面积为 7660 万平方千米的印度洋—中国南海一带为中心而展开的。当然，欧亚大陆的陆路也起到了重要的作用。虽说海上贸易也存在风险，但其具有船舶运输量大这样的优势。

不过，很难说从地中海经印度洋到中国南海的大商业文化圈形成了一个体系。它是由在各个地区成立的小交易圈组成的一个综合体，或许我们称它为通商圈更加贴切。

10 世纪以后，在印度洋—中国南海所发生的一系列社会经济的变动在 12 世纪到 13 世纪给周边地区带来了经济和文化方面的影响，各地区分别形成了有各自特色的文化和经济圈。在此，想概述一下当时的世界形势。作为核心地带的伊斯兰地区主要位于现今的伊拉克，当时正值阿拔斯王朝，其商人不仅在地中海、波斯湾、印度洋等地进行活动，还将势力扩展到了印度、中亚和非洲等地，活动范围扩大了。

欧亚经济带

印度、南亚世界与伊斯兰文化的关联体现在以下三个方面：第一，波斯湾沿岸阿拉伯裔、伊朗裔人的流动状况；第二，他们与南阿拉伯、也门地区的阿拉伯裔人的接触；第三，势力扩大到兴都库什山脉南面之后，阿富汗裔、土耳其裔穆斯林人的流动状况。

阿拉伯裔、伊朗裔海上商人主要通过从波斯湾横渡阿拉伯海的海上通道进行活动。这些商人在伊斯兰王朝之前就进入印度河的河口附近、古吉古拉地方、印度西南部的马拉巴尔海岸边的港口城市等进行活动，发展了与印度、斯里兰卡、东南亚、中国等地的物资贸易。他们与印度内陆的印度裔各国进行经济交流，在伊斯兰时代之后进行了更加频繁的活动。

当然，受印度和中国等发达地区文化的影响，东南亚地区自古以来也是这个商业圈的一部分，但伊斯兰商人的到来对这个地区的经济与文化产生了巨大影响。

印度洋、中国南海、孟加拉湾的海域相互交错。因为季风的影响，东南亚地区成为海上交通的据点。为数众多的岛屿、半岛和河川成为香料、药物等热带作物的生产地和出口基地。而且这里也是东西海上交通枢纽，总有人从远处流动到此。这里同时也是进行物资交易的地方，各种市场信息不断汇集。

在其东边的中国南海地区，由于中国南部港口城市的活动，与印度洋地区建立了紧密的联系。江南一带所生产的陶瓷器、象牙制品、绢织物、纸、首饰、药物等从这些港湾出口。另外，从五代末期到北宋时代（10世纪中期～12世纪初期），大型帆船的制造技术以及航海技术的迅速发展，成为这一地区贸易发展的一大原因。毋庸置疑，南海诸多港口城市通过海路或大运河与华北地区也建立了非常紧密的联系，这一倾向在元朝变得更加明显。

1368年汉人王朝明朝崛起，将蒙古人驱赶到漠北。明朝重视江南地区，最初定都南京，中国南海—印度洋沿线也受到了极大的重视。1405年，举世闻名的郑和率领庞大的船队向印度洋远航，这比葡萄牙人占领北非休达，"拉开欧洲大航海序幕"要早10年左右。

很显然,中国早在 15 世纪初就掌握了大航海时代的主导权,但这种状况并没有持续多久,之前一直蜷缩在欧亚大陆西侧的弱小的欧洲后来通过大航海称霸世界,这只能说这是历史的讽刺。

众所周知,中国和西域自古以来保持着往来,然而地处中亚的民族对亚洲大陆的入侵给中国内陆贸易也带来了很大的影响。回纥族、突厥族侵入中亚的草原及森林地带。这样一来,13 世纪诞生的贯穿整个欧亚大陆的蒙古帝国的交易圈和伊斯兰贸易圈连为一体,形成了史上最大的陆上贸易圈。

穿越撒哈拉沙漠

让我们将目光转向西方。在东非,来自也门、阿拉伯半岛的阿拉伯裔、伊朗裔商人乘坐"三角帆船",利用定期的季风来到东非海岸,并在那里建设了居住地和市场。这些伊斯兰教徒与当地的班图裔人种混血并进行文化的深度融合,在东非地区形成了一个文化经济圈。这个地区的特产有象牙、犀角和皮革等。

如前所述,拜占庭和伊斯兰的关系也一直对地中海地区的形势产生着重大影响。从 7 世纪到 10 世纪前后,地中海海上贸易主要由科普特派基督教徒、犹太教徒、希腊人和叙利亚裔阿拉伯人等来开展。他们作为伊斯兰、拜占庭、西欧这三个不同文化区之间沟通的桥梁大显身手。伴随十字军的活动,意大利港口城市的商业活动兴盛起来之后,这一状况才发生了较大改变。

也就是说,以热那亚和威尼斯为中心的意大利商人开始向东地中海扩大势力,那给拜占庭帝国社会和政治带来了巨大影响。

北非当然也被伊斯兰同化,并被纳入该商业文化圈。伊斯兰的影响从非洲地中海沿岸穿越撒哈拉大沙漠到达西非。在这样的背景下,骆驼作为运输工具发挥了重要作用。骆驼原本是以阿拉伯半岛为中心的干燥地带饲养的家畜,在北非东部最早被用于运输。

在 8 世纪初,当阿拉伯人西进时,骆驼被人们有组织地使用,后来在非洲北部被广为运用。农民用骆驼耕地,游牧民喝骆驼奶。此外,骆驼还被广泛用作运输工具。

受伊斯兰文化影响的北非柏柏尔裔游牧民族同时也受到阿拉伯骆驼文化的影响,他们将阿特拉斯山脉至撒哈拉沙漠周边一带广泛地区变成自己的生活圈。穆斯林商人利用柏柏尔裔商人所组织的骆驼商队穿过撒哈拉大沙漠,到达西非的加纳地区,去购买苏丹的黄金和奴隶。

到了中世纪后期,这一点开始有重大的经济意义。

西欧和日本

中世纪的西欧

欧洲与日本在世界地图上位于东西两端。欧洲除了西班牙南部,其他地区均未被伊斯兰同化,而日本也没有受到伊斯兰教的影响。这两个地区在世界近代史上起着相当重要的作用,然而在11~12世纪根本就不足挂齿。

当时的欧洲还是一个落后地区。在南北分别受到伊斯兰教和非基督教北方民族斯堪的纳维亚人的压迫。西罗马帝国灭亡以后,日耳曼各民族在欧洲建立小王国。公元800年,法兰克王国加洛林王朝的查尔曼大帝(在位768~814年)被罗马教皇利奥三世授予皇位,但这只不过是落后地区暴发户首领利用传统文明的权威来提高自己威信的可悲之举。在黄金史方面,西欧的贡献几乎为零。

日耳曼人的活跃

当时,欧洲斯堪的纳维亚人(日耳曼人)的活动值得关注。日耳曼人9世纪从斯堪的纳维亚出发,在各地积极展开活动。

其中一部分人穿越俄罗斯来到黑海地区,8世纪中期在那里建立了统治当地居民的基辅公国。俄罗斯国名正是源自"罗斯"这一日耳曼人的统治阶级。日耳曼人给欧洲带去了白银,这一点值得关注。

在9世纪,日耳曼人开始侵略西欧,接连攻打诺曼底、布列塔尼和英格兰,给那里的社会结构带来了很大的变化。可以说,西欧的封建制度正是为了防止日耳曼人入侵而建立的防御体系。日耳曼人还进入地中海,于1130年占领了西西里岛,和意大利南部的既成势力对峙。另一方面,11世纪他们从格陵兰岛到达北美,先于哥伦布到达新世界。

虽说日耳曼人颇具有攻击性,但他们也进行了通商贸易。他们在从北欧到中欧的广泛区域开展贸易活动。这个北方通商圈演变为后来的汉萨同盟(起源于13世纪德意志北部商业都市同盟。14世纪时有100个多个城市参加,在波罗的海和北海进行广泛交易),对近代初期大航海时代的到来起到了很大的推动作用。

日本的黄金传说

最后,让我们来谈一谈位于欧亚大陆东边的日本。11～12世纪的日本处于由古代向中世纪武士社会的过渡期。这个时代的日本在世界史上基本上是一个孤立的存在,只和中国、朝鲜的各州往来。6世纪前半期,佛教传到日本。佛教不同于带有攻击性的伊斯兰教,它作为一种温和的宗教在日本扎根下来,与固有的神道信仰和平共存。与其他地区相比,日本是一个孤立而和平的地区。

在日本,佛教传来以后逐渐成为国家宗教。奈良时代建立了诸如东大寺和国分寺等许多官营寺庙,黄金也因此成为必需品。给佛像镀金,自然需要黄金。因此,710年(大宝元年),朝廷派使节去陆奥淘金。按正式说法,在749年(天平胜宝元年)在陆奥发现黄金,《续日本纪》中有"陆奥国初奉黄金"的记载。这一消息漂洋过海传到中国,因此《宋史》"日本传"中也记载奥州出产黄金,别岛即对马出产白银。

在此之后,陆奥开始开发黄金,每年都向朝廷进贡。陆奥进贡黄金的时候,正值朝廷为建造奈良大佛苦心积虑筹措镀金材料之时,所以朝廷大为欢喜。

之后,陆奥就成为日本主要的黄金产地。到了平安时代,下野和常陆两国也开始进贡黄金,但产量很少。

虽说陆奥的黄金也用来铸造佛像,但最主要还是用作贸易资金。平安时代,朝廷派遣遣唐使,另外还向九州太宰府派遣"唐物交易使"进行官营贸易,而用于支付的就是黄金。另外,还给遣唐使船的大使、副使和学问僧以黄金发放薪资。遣唐使废止以后,大陆商船往来更加频繁。在太宰府,由政府派遣的交易使优先开展官营贸易,剩余的商品才用于普通贸易。从中国进口的物品除了丝绸以外,以香料、药品、珊瑚等南海产物居多。尽管硫磺等也被用于支付,但主要还是支付沙金,这一倾向到南宋以后变得更加明显。

如此一来,流入中国的黄金后来在中国流通,并被用作南海贸易的资金。

另外,在后来的元朝,因传言日本盛产黄金,马可·波罗将"黄金日本"这一传言带到欧洲,获取日本的黄金成为哥伦布大西洋航海的动机之一。但马可·波罗只写日本盛产黄金、国王的宫殿是用黄金建造的,并没有说日本遍地黄金。

传言所说的大概是 12 世纪初奥州藤原氏在今岩手县平泉建造的中尊寺。

黄金国度日本

马克·波罗所描述的黄金国日本并非完全是虚构。8 世纪以后,日本成为东亚重要的黄金供给国,从中国南海到印度洋,这一点广为人知。中国不仅在军事上压制着印度支那半岛北部,其商船很早就沿南海南下,经马六甲海峡到达印度。因此,不难想象当时从日本流入的黄金被用来开展贸易。同样,从印度洋出发经印度支那半岛到达中国南部的印度人和阿拉伯人等也是如此。

在日本,采掘出来的黄金形式上由平安朝的政厅保管。据记载,10 世纪中期以后,每年陆奥国司向朝廷进贡黄金 3000 两。但除了这种正式数据之外,摄政家下面的贵族还通过庄园和黄金商人私自获取黄金。因此,国库的黄金储备和贵族所拥有的黄金加起来应该是个不小的数目。贵族似乎在自家仓库私藏黄金。据记录,1017 年(宽仁元年),藤原道长的仓库有 2000 两黄金被盗。

黄金国家的贵族通过保有大量黄金来显示自己的政治权威,另外通过自由支配黄金来购买外国的贵重丝绸以及麝香等香料,以及伽罗香木等珍贵品,以作为炫耀的资本。

大洋洲和美国

在以上所描述的世界版图之外,还有位于太平洋的大洋洲以及古代美洲大陆。两者都是与欧亚大陆以及印度洋文化没有关联的孤立存在,当时的大洋洲还没有出现金属文化。

在美洲大陆,自古以来在中央安第斯山脉一带发达的金属文化,终于在 10 世纪以后开始向墨西哥传播。其中,米兹特克族从中美和墨西哥获取黄金制品并学习其制作工艺。在中央安第斯北部,10～11 世纪正是西坎文化的鼎盛期,当时出现了众多精美的黄金制品。

第四章　从地中海到大西洋

序言

　　兴起于中亚的塞尔柱土耳其军队向西进击,于 1055 年进入巴格达,军队首领托格卢尔·伯克被阿拔斯王朝的哈里发封为苏丹(统治者的意思),土耳其军队还侵入了小亚细亚。1096 年,十字军开始东征,理由就是塞尔柱土耳其妨碍了基督教徒朝拜圣地。随着十字军东征的开始,威尼斯与热那亚等港口城市也兴盛起来,地中海的重要性骤然提高了。另一方面,在十字军东征 15 年之前,日耳曼人入侵地中海,对拜占庭帝国的希腊人构成威胁。进入 14 世纪以后,奥斯曼土耳其开始进攻巴尔干,对欧洲虎视眈眈。这样一来,地中海就成为 15 世纪前半叶世界局势最紧张的地区。在这样的状态下,基督教徒势力不断向西扩张,并在 15 世纪末期开始了大西洋时代,所谓的大航海时代由此拉开了序幕。

　　西非的黄金也是促成这个新时代出现的一个契机。西非的黄金支撑了北非伊斯兰势力的发展,并且通过意大利商人和伊比利亚半岛的伊斯兰商人带到西欧,在一定程度上满足了中世纪末期西欧人对于黄金的需求,激发了他们对于黄金的强烈欲望。

　　1415 年以后,葡萄牙人开始对西非航路进行探险,其目的之一便是从海路寻找黄金产地。

西非的黄金

伊斯兰的金银和货币

这一时期,伊斯兰对于金银的需求可以简单概括如下:

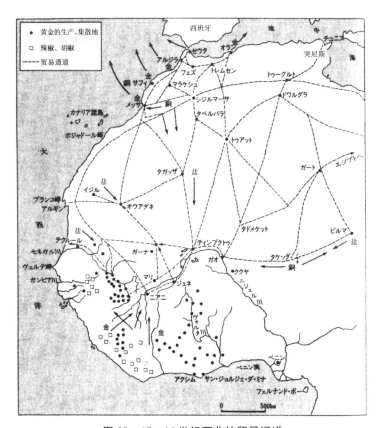

图 29　15～16 世纪西非的贸易通道

从货币制度层面来说，伊斯兰实行的是金银双本位制。也就是说，银币迪拉姆和金币第纳尔同时流通，但前者是基于波斯萨珊王朝的银币迪拉姆铸造。一开始原封不动地使用萨珊王朝皇帝的肖像，还刻上了阿拉伯文字。

倭马亚王朝的第五代哈里发，即阿布杜勒·马利克（在位685～705 年）时代开始正式铸造第纳尔金币和迪拉姆银币。从693 年到 695 年，最初的第纳尔金币和迪拉姆银币分别在大马士革和巴士拉铸造，规定金币和银币的兑换比率为 1 比 10。

原本迪拉姆银币在原萨珊王朝波斯帝国区域的东伊斯兰流通，而第纳尔金币在西伊斯兰流通，但随着东西伊斯兰货币相互流动，货币得以在整个伊斯兰地区普及。

但是,这样的状态不久就因为各种原因而面临困境。

问题是由银币原材料地的银供给量减少所引发的。第纳尔金币是高纯度的金币,主要用于大宗商业交易,而迪拉姆银币则在日常中使用。由于中亚霍拉桑等地银产地矿山资源枯竭,再加上中亚 9 世纪以后成立的萨曼王朝对继倭马亚王朝之后的西亚阿拔斯王朝进行干涉,致使无法顺利获得铸造银币的原材料。

实际上,从 10 世纪末期到 13 世纪中期的约 250 年间,东伊斯兰地区的迪拉姆银币均处于慢性匮乏状态。虽说可以从西藏和亚美尼亚获得一部分银资源,但远远不能满足整个伊斯兰地区的需求,这后来成为阿拔斯王朝陷入经济混乱和走向衰退的原因之一。946 年,在里海西南岸的德莱木山地兴起的白益王朝占领巴格达,并掌握了政治实权。但白益王朝同样因为银匮乏而一直面临财政困难,于公元 1000 多年灭亡。

在西伊斯兰地区,909 年在北非中部兴起的法玛蒂王朝,于969 年出兵埃及,并在 973 年定都开罗,开始扩张势力。关于法玛蒂王朝,有两点值得引起注意。

首先,它利用丰富的黄金资源铸造了第纳尔金币,当时是用西非苏丹的黄金铸造的。

其次,法玛蒂王朝还乘阿拔斯王朝经济与政治低迷之机,以开罗和福斯塔特为据点,通过埃及—红海路线与印度洋通商圈之间建立了密切的联系,以此与从巴格达经波斯湾到印度洋的贸易通道相抗衡。这一贸易通道在其后的阿尤布以及马木留克王朝仍然存在,作为从印度洋通往地中海的主要物资运输通道而备受重视。

东西非洲的黄金

在非洲,东非和西非的黄金备受关注。东非的赞比西河和林波波河之间的内陆地带是优良的黄金产地,这里很早就开始出产黄金。东非的海岸地区因伊斯兰教徒的活动而在商业上备受关注,也渐渐与内陆地区展开贸易。

10 世纪以后,在非洲东海岸的港口,黄金被用来交换印度的木棉、珍珠制品、串珠以及中国的陶瓷器等。当然,这些交易都是由伊斯兰商人进行的。这样一来,东非的黄金都流向印度。说来这也顺理成章,因为即便是地中海地区的第纳尔金币最终也通过波斯湾或者红海流入印度洋地区。

关于西非的黄金起源尚无定论,但可以想象在很早之前就进行开采,穿越撒哈拉沙漠被带到非洲北部沿海地带。在谈及西非的时候,有必要考虑居住在北非的柏柏尔人和犹太人,另外还有阿拉伯人的影响。尽管他们都属于白种人,但入侵西非之后,与土著的黑人混血,形成了复杂的社会关系。

犹太人早在罗马时代就在昔兰尼加(现利比亚)建造居住地,作为工匠、商人和养牛的牧民生活在远至摩洛哥海岸的地带。不难想象,原本生活在北非的柏柏尔人受到犹太人影响并出现混血的情况。一般认为,犹太人以及受犹太文化强烈影响的柏柏尔人在 3、4 世纪横穿撒哈拉大沙漠来到西非,征服了曼丁语族和苏尼克族,建立了加纳王国。

柏柏尔人和加纳王国

7 世纪中期,阿拉伯人征服埃及后,分成几批入侵了北非柏柏尔人居住的地区。入侵者是人数不多的轻骑兵,他们主要进行掠夺,未能征服柏柏尔人的国家。但在 11~12 世纪,阿拉伯的巴维达族征服了柏柏尔人,大约有 20 万~30 万人左右的阿拉伯人进入北非,给柏柏尔人的社会带来了巨大影响,据说阿拉伯语和伊斯兰教因此得到普及。

加纳王国于 770 年左右被黑人的索宁克人推翻,在索宁克王的领导之下,建立了新的王朝。索宁克人从 11 世纪开始大肆扩张,其全盛时期的版图东起通布图,东南至尼日河上流,南到塞内加尔河的上游,西南抵鲍勒河,西与台克鲁尔王朝的边界线相接。

加纳王国一直存续到 13 世纪中期,是西非中世纪最初的大国。其综合国力得益于出产于加纳南部密林地带的黄金。另外,对于西非来说,食盐也是必不可少的商品。控制着北非盐矿的柏柏尔人带着盐、铜、干果和贝壳组成商队越过撒哈拉大沙漠到达加纳,通过所谓的"哑巴交易"来获得黄金。

哑巴交易

所谓的"哑巴交易",是指不通过语言交流来进行的交易。商人将自己带来的商品放在河岸边,带着黄金的当地黑人便会出现,如果他们对摆放在河岸边的商品感兴趣,便会在商品处放上认为与之等价的沙金。他们离去之后,商人们就会出现,如果他们对所放置的沙金数量感到满意便会收下,如果不很满意则再次离开,躲起来继续观望。这种交易方式非常独特。

加纳之后兴起来的西非各国,如卡尼亚加的索索王国和马里王国、加奥的桑海王国等都是凭借黄金交易富裕起来的。

黄金交易路线大致有三个:西线是从摩洛哥的菲斯或者是马拉喀什一带到尼日尔河的大转弯处。中线是从突尼西亚的凯鲁万或者是突尼斯到尼日尔河和乍得湖的中间地带。东线是从利比亚的黎波里或者是埃及到乍得湖区域。

苏丹的黄金

埃及法蒂玛王朝的铸造金币主要依靠来自苏丹的黄金。

从马里王国的皇帝曼萨·穆萨(在位1307～1332年)去麦加朝圣的记录,可以看出当时的苏丹统治者有多么富裕。据称,曼萨·穆萨皇帝经由埃及进入阿拉伯,去麦加朝圣,让500名奴隶和众多家臣携带大约1.5吨黄金,并将那些黄金一路用作施舍或者赠送。

从麦加归来时,曼萨·穆萨又带回了众多伊斯兰学者,估计那些学者是被黄金吸引而来。据说他们在马里王国定居并提高了自己的修养。

曼萨·穆萨的宫殿坐落在通布图。通布图在1100年之前是个不起眼的小城市,14世纪起作为伊斯兰的交易中心,同时作为黄金的主产地和建有伊斯兰寺庙的信仰中心,在西非地区占据了重要地位。加奥的桑海王国在15世纪迎来兴盛期,关于其富有程度,也有类似的传说。阿斯基亚·穆罕默德一世在1495年到1497年到麦加朝圣时,其豪华程度并不比曼萨·穆萨逊色。

总之,苏丹的黄金非常著名,因此有些北非的柏柏尔人为了获得苏丹的黄金而侵入苏丹。例如,11世纪兴起的穆拉比特朝的柏柏尔人于1056年占领了撒哈拉贸易的要塞西吉尔马萨,并且打着圣战的旗号入侵西非。

他们的军事行动最终分为两个部分,一部分残留在西非,另一部分则侵入北非,向北进攻的势力自1086年以后从摩洛哥经由直布罗陀海峡进入西班牙境内。征服后倭马亚王朝的哈里发势力衰退之后,各地兴起了被称为"泰发"的小酋长国,一时称霸伊比利亚半岛。穆拉比特王朝(阿尔摩拉维德王朝)利用苏丹黄金制造金币,所造金币经由西班牙流入西欧,缓解了西欧黄金极度匮乏的状况。

从14世纪前后起,意大利人开始介入北非和苏丹之间的黄金贸易,这一点不容忽视,因为这将是接下来要论述的大航海时代的先驱现象。

意大利人的活动

威尼斯和热那亚

10世纪末期开始,在东地中海开始活动的意大利港口城市的商人在十字军的物资输送和补给上起到了很大作用。他们参与了黎凡特地区的贸易,大量积攒了实力和财富。他们还与拜占庭帝国签订协定,在小亚细亚、黎凡特地区和黑海等地开展贸易。特别是亚德里亚海的威尼斯和利古里亚海的热那亚,它们作为意大利的两大港口城市展开了激烈的竞争。

直到10世纪末期,两港口城市皆通过沿岸航海开展贸易,但在11世纪以后作为港口城市迎来繁盛时期,开始了远洋航海并在地中海往来,一时间热那亚、威尼斯、拜占庭以及伊斯兰势力相互交错,共同书写了中世纪后半期地中海的历史。

热那亚和威尼斯都在与黎凡特的贸易中获得巨额利益,热那亚还进入黑海进一步扩大贸易。11世纪中期,当日耳曼人入侵地中海占领意大利南部和西西里岛时,拜占庭帝国与威尼斯人联手,以进行自我防卫。作为得到船队援助的代价,拜占庭帝国向威尼斯商人承诺免除他们在君士坦丁堡和爱琴海自己国家港口的税收。

图 30　繁华的热那亚港（1481 年）

伊斯兰舰队在 935 年和 1004 年两次对比萨进行攻击并大肆掠夺。与此相对抗，比萨于 1005 年进攻墨西拿海峡，攻破伊斯兰舰队。伊斯兰舰队随后在 1011 年进行了反击，但比萨没有屈服，而是与热那亚人结成联盟进攻撒丁岛，并于 1016 年将该岛占领。在 18 年后的 1034 年，比萨和热那亚的联合舰队进入北非，一时占领了博纳。另外，在第一次十字军东征前的 1087 年，比萨和热那亚的联合舰队还占领了突尼斯的要塞马蒂亚。

占领马蒂亚，这对于威尼斯和热那亚两个港口城市来说意义重大。如前所述，909 年在马格里布中部兴起的法蒂玛王朝，于 969 年向东攻占埃及，4 年后定都开罗。在之后的空白时间里，兹利德王朝兴起，但由于过于弱小而不断受到周围的攻击，只好迁都突尼斯的马蒂亚。也就是说，在马格里布地区的中心地带，能够阻止意大利势力的入侵伊斯兰势力消失了。毋庸置疑，这给意大利各港口城市提供了巨大的发展空间。

意大利商人的活力

意大利人从一开始就对印度洋贸易抱有很大的兴趣。在十字军时代的 1182 年到 1183 年,西欧基督教徒的军队与意大利舰队,从埃拉和塔布克经希贾兹地区向南进发,并在苏伊士附近筑起城堡。之后,又从红海进攻了吉达和爱舍威。与此相对应,阿尤布朝的军队则拼命阻止意大利人的行动。也就是从这个时候起意大利人开始穿越印度洋探索通往亚洲的路线。

意大利人的势力进入埃及—红海一带后,就开始探索从伊拉克出发经由波斯湾通往印度的通道,以及从黑海到中亚通往亚洲的通道。在之后的 13 世纪,亚洲大陆成立了蒙古帝国,在所谓的"蒙古的和平"的名义下,相对自由的通商和交通成为可能,很多人纷纷将目光转向亚洲,著名的马克·波罗就是其中一人。

但是,意大利人同时也对地中海和北非抱有很大的兴趣。首先让我们来看一看热那亚的动向。热那亚在攻占马蒂亚之后,于 1161 年与摩洛哥王国签订了通商协定,向西到达休达。1162 年首次穿过直布罗陀海峡,并在非洲西北部的萨里建立了基地。

从 1277 年到 1278 年,热那亚船队首次北上大西洋,出现在佛兰德地区。而且,在 1317 年左右,威尼斯也在佛兰德地区组织帆船队,直接与地中海和西欧进行贸易。

这样一来,从黎凡特和克里米亚半岛到佛兰德的布鲁日的广大区域都成为意大利商人活跃的贸易与航海地。

意大利商人关注马格里布地区,当然是为了接近撒哈拉的黄金。1291 年热那亚的威尔第兄弟穿过直布罗陀海峡在西非沿岸航海时下落不明。当时正处于黄金非常昂贵的时代,金银兑换比率为 1 比 13 或 1 比 14,他们航海或许是想从海路探寻苏丹的黄金。

同在 1291 年,热那亚的贝尼代托·扎卡里亚打败摩洛哥的海军,确立了热那亚在北非西部的海上霸权。到了 1312 年,热那亚人朗杰罗德·马罗杰罗再次航海到西非,甚至到达加那利群岛。

奥斯曼土耳其帝国从 13 世纪末期开始向西入侵,给地中海世界带来了巨大的影响。随着奥斯曼势力侵入小亚细亚和巴尔干半岛,拜占庭帝国的势力被大片瓜分,威尼斯和热那亚在黎凡特地区的活动也受到极大的限制。因此,热那亚和威尼斯加紧了在西地中海地区的活动。比萨和热那亚不仅向马格里布地区派遣船队,威尼斯船队也开始与黎波里、突尼斯、阿尔及尔、博纳以及奥兰等地进行交易。

如前所述,出产黄金的西非最想获得的物品当属食盐。北非的岩盐矿被柏柏尔人所控制,意大利人无法插手。因此,意大利商人在北非港口用毛织品,而不是用盐来与黄金进行交易。在马里王国,据说用食盐与相同重量的沙金进行交易。欧洲的毛织品也很受欢迎,据说威尼斯产的毛织品在通布图价格不菲。

据16世纪的大旅行家利奥·阿非利加努斯(1485年左右~1554年左右)称,西非的统治阶层因为购买昂贵的纺织品等而欠下了来自黎凡特和马格里布地区商人的巨额债务。这样一来,意大利人所获得的黄金的一部分很快在对印度洋贸易中消耗了,还有一部分似乎在欧洲流通。

13世纪中期,在埃及兴起了马木留克王朝。在此之前,印度洋的物产经由红海运往埃及的海运通道就已经形成,亚历山大港成为重要的香料市场。威尼斯对此也加以了关注,1345年在罗马教皇的认可下,威尼斯与马木留克王朝的苏丹签订通商条约,垄断了经由红海运来的胡椒等香料的贸易。从亚历山大港运进来的香料在威尼斯以高价售给从欧洲各国来的商人,威尼斯因此获得了巨额利润。

中世纪欧洲的金和银

欧洲基本上不出产黄金,从9世纪到13世纪完全没有铸造过金币,但其银资源丰富。例如,普瓦图的梅尔银矿是梅罗文加王朝的主要经济来源,哈尔茨山脉的银矿给萨克森王朝带来了繁荣。

到了15世纪,中欧各地盛行开发银矿。据阿道夫·塞特贝尔称,在1493年到1520年之间,西欧和中欧共出产银47吨,蒂罗尔、匈牙利、波西米亚、西里西亚、阿尔萨斯、萨克森等地的银山被开发。16世纪初期,被称为"泰勒"的银币登上历史舞台,后世的dollar一词便由此而来。蒂罗尔、萨克森、波西米亚、奥地利分别于1485年、1500年、1518年和1524年开始铸造银币。

欧洲的商业在14世纪因为鼠疫而萧条,15世纪进入恢复期。受地中海地区的商业刺激,之后又迎来了繁盛期,贵重金属特别是黄金变得不可或缺。由于贵重金属生产量较少,不得不从外部进口。但好不容易流入欧洲的黄金往往很快就被耗费，从西非获得的黄金迅速进入流通领域流向印度洋，而专注于中世纪末期战争的各国国王不得不用金币支付佣兵费，经费十分拮据，致使对黄金的需求加大。例如，1438 年，当时的黎波里和突尼斯闹饥荒，于是阿拉贡的阿方索五世从西西里岛运来小麦销售，获得了 2 万 4000 德卡的金币。但是这一巨额资金却被用于当时阿方索参与的那波利战争，很快就花得分文不剩。

热那亚不仅在西地中海地区展开贸易，还渐渐开始扶持伊比利亚半岛的势力。其理由很多，但最主要是因为 1378 年，其在基奥贾战争中被威尼斯打败，加之自那之后国内权利斗争不断，同时热那亚又是强国米兰和法国争夺的对象，所以不得不忍受政治上的从属命运。从此，热那亚的资本、金融和航海技术开始向伊比利亚半岛转移。

大航海时代的曙光

葡萄牙的发展

伊比利亚半岛的基督教徒自 711 年以来，由于伊斯兰教徒入侵而一直在进行抵抗，12 世纪成立葡萄牙国，并于 13 世纪将国内的伊斯兰教徒全部驱逐出境，比邻国西班牙早 2 个世纪实现了国土的统一。葡萄牙临海，自古以来与大海关系密切。因此，热那亚的资本和技术较早流入了葡萄牙，而不是西班牙。

热那亚人早在 12 世纪时就出现在伊比利亚半岛。14 世纪，热那亚商人与葡萄牙国王签订协约，将热那亚造船技术引入葡萄牙，另外还控制葡萄牙的金融，开始在经济上支持葡萄牙的海事活动。与此同时，为数众多的热那亚人开始在葡萄牙首都里斯本等地定居，范围遍及全国。

葡萄牙的发展史是从 1415 年攻陷伊斯兰要塞休达城开始的。

得益于热那亚的经济和技术支持，葡萄牙在 15 世纪初期以前就已成为海事国，每年有 400～500 艘船只从葡萄牙出入。里斯本因为有来自热那亚、米兰、加泰罗尼亚、比斯开、马略卡、阿拉贡和伦巴达等地商人而繁荣起来，其中热那亚人所起的作用最大，葡萄牙人的海事活动当中自然也少不了热那亚人的身影。

关于 1415 年攻打休达的动机众说纷纭,总之葡萄牙出动了 200 艘战舰,攻陷了直布罗陀海峡对岸非洲一方的休达城。不难想象,在那背后有着对西非黄金抱有坚定信念的热那亚人的影响。

其后,新开发的轻快的小型船只取代了以往的大型帆船,葡萄牙人又开始探索西非航路。一开始使用比小艇稍大的名叫巴尔沙的小型船只,不久就出现了巴厘内尔船,后来又出现了在三根桅杆上撑起三角帆的卡拉维尔帆船。

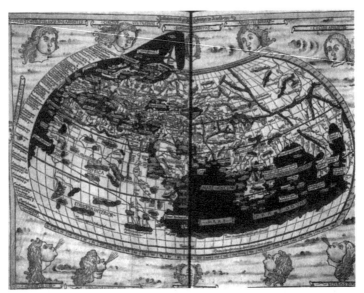

图 31 托勒密的地图,直到大航海时代,一直构成人们的世界认识的基础

当时,恩里克王子(1394~1460 年)积极推动西非航海探险,他是葡萄牙国王若奥王的四王子,在葡萄牙南部拥有广阔的领地,他把全部资金都用于向西非派遣探险船只。

由于海风和逆流,航海面临巨大的困难,进展很不顺利。但在攻陷休达港 19 年以后的 1434 年,叫做吉尔·埃亚内斯的航海者乘巴尔沙船航行至西非的博哈多尔角。11 年之后,迪尼什·迪亚斯也成功航行至佛得角。

不仅非洲西海岸,大西洋各岛屿也被相继发现。在加那利群岛被发现后,亚速尔群岛、佛得角群岛也分别于 1431 年和 1445 年发现。马德拉群岛早在14世纪就已发现,葡萄牙人于1419年开始在这里定居。在这些岛屿上,他们栽培从地中海移植过来的甘蔗,获得了巨大成功,成为葡萄牙的一大收入来源,但对此进行投资和技术指导的都是热那亚人。

航海西非的目的

通往西非的航路因此渐渐开通,截至恩里克王子去世的1460年,人们已经清楚地了解到达塞拉利昂地区的海岸线,西非各地都建有葡萄牙人的居住地。王子死后,葡萄牙当局继续推进海上的探险活动,1482年在今天的加纳国的黄金海岸建成了称作圣·若热的·米·纳的城堡,这标志着葡萄牙在西非拥有了真正意义上的根据地。

一般认为葡萄牙航海西非的动机是寻求香料和探索去亚洲的路径,这似乎并不正确。15世纪时的世界地图,是由2世纪的地理学家托勒密·克罗狄斯绘制的。虽说出现了以此地图为蓝本的诸多版本的世界地图,但无论看哪张地图,非洲南端都是向东无限延伸,与亚洲南端连为一体。因此表明当时人们并不知晓能环绕非洲航行。

那么,葡萄牙人航海究竟是为了探寻什么呢。据曾著述过《葡萄牙西非航海重要年代记》的戈麦斯·埃亚内斯·德·阿祖拉拉(1404左右~1468年)称,恩里克王子是因为"抱有弘扬我主耶稣基督之神圣信仰,渴求救赎众生灵魂归附于此"而开始航海探险的。

毋庸置疑,葡萄牙人是因为抱有极强的宗教动机而开始航海探险的。在当时,他们深信传说中的基督教统治者普雷斯特·约翰就住在非洲的某处。找出传说中的基督教统治者,从非洲与欧洲夹击宿敌伊斯兰教,是当时南欧人的共同愿望,历代的葡萄牙统治者也对此直言不讳。

除了宗教性目的以外,事实上现世的、物质的欲望也是一大动机。再次引用阿祖拉拉的话:"王子认为,如果那片土地上有基督教徒的居住地,或者有可以安全航行的港口,那么就可以从那里大量廉价采购商品。"

葡萄牙和热那亚人

这些话虽说得很委婉,但基本上可以认为葡萄牙想直接从西非获得黄金、象牙等贵重品,而不是通过穿越撒哈拉大沙漠的商队,这种欲望应该是一大动力。很显然,在经济上支持葡萄牙的热那亚的想法起到很大作用。

1457 年,葡萄牙人开始铸造克罗赛多金币。从这一事实也可以推测,葡萄牙人在航行至佛得角之后不久就从非洲获得了黄金。

另一方面,葡萄牙人很早就对伊斯兰商人穿越撒哈拉大沙漠通过奴隶贸易获得暴利抱有很大的兴趣。1441 年起开始在西非抓捕奴隶,到 1444 年就编成搜寻奴隶的船队,约有 235 名黑奴被运到葡萄牙的拉各斯港。

在黄金海岸建成的圣·若热的·米·纳城堡,奴隶和黄金的贸易大为盛行。毫无疑问,是热那亚人在背后掌控着这些贸易。

当葡萄牙人进一步向东入侵进入贝宁湾,在湾内费尔南多·坡岛进行殖民时,还成功地栽培了甘蔗。这个岛屿后来成为奴隶贸易的一大根据地,其背后也有热那亚人的经济支持。

究竟有多少黄金通过海路从西非运到里斯本了呢?

据某史料记载,在 1500 年左右,一年中大约就运输了 17 万达布隆的优质黄金。1 达布隆当中大约含 4.4 克纯金,也就是说有约 748 千克的黄金。另外现代葡萄牙的历史学家马加良斯·康迪纽(著名的《地中海》作者费尔南·布罗代尔的弟子)也指出,在 1500 年到 1520 年期间,葡萄牙年均进口 700 千克黄金。之后黄金数量骤减,到 1600 年左右完全处于低迷状态,之后情况再次好转。

关于这种状况出现的原因不甚明了。但值得注意的是,尽管葡萄牙进入西非开展活动,但穿越撒哈拉沙漠,向北非海岸地区输送黄金的活动从 1440 年到 1520 年间从未中断过。西西里岛使用非洲黄金铸造金币,西西里岛产小麦被大量出口北非,在 1455 年以及 1489 年等年份,用于交换的黄金多达半吨,这些便是佐证。另外,威尼斯的船只也屡屡出现在当时的马格里布各港口,从那里获得了黄金。

总之,伴随着意大利人的活动以及葡萄牙人在西非开拓殖民地,致使流入欧洲的黄金数量激增,这一点在 15～16 世纪的黄金史上拥有重要意义。在葡萄牙人的一系列活动当中,有一名热那亚人开始探寻黄金。他并不是去非洲而是去亚洲探寻黄金,也不像一般葡萄牙人那样向南航行,而是向西航行。他的葡萄牙语名叫做克里斯托·科隆,但他原本是热那亚人,克里斯托弗·哥伦布才是他的本名。

第五章　大西洋时代

前言

中世纪后半期,伴随着热那亚人在北非、马格里布地区以及大西洋的拓展,热那亚人和葡萄牙的关系密切,葡萄牙人也开始了在西非开拓殖民地,如果将这些事实联系起来看的话,就很容易理解像克里斯托弗洛·科伦坡,也就是克里斯托弗·哥伦布这种人物为什么会出现。因为,他当时已经清楚地认识到西非黄金的重要性。但是,当时的西非是由葡萄牙所掌控,因此他把目光转移到了大西洋南北间的未知空间。往西,大洋彼岸有黄金国度日本,还有比亚历山大港繁华百倍的刺桐(泉州),这比起往东经由印度洋要近。正是这个决定,无意间让发现美洲大陆成为可能,并就此拉开了大西洋时代的序幕。

哥伦布的这一行动让在那以前一直只是一片空白海洋大西洋变成了人类的通道,也让人们认识到还有南北美洲大陆存在于欧洲与亚洲之间,而这片大陆对于哥伦布以前的旧世界而言是一片未知的土地。并且,当得知这片新天地有着丰富的黄金白银之时,欧洲人便蜂拥而至。

哥伦布与黄金

热那亚人哥伦布

哥伦布于 1451 年出生于意大利热那亚近郊一个羊毛纺织工的家庭。首先,这一事实就具有重要意义。正如在前一章所提到的,在北非马格里布地区以及撒哈拉大沙漠西侧的西非,对意大利的毛纺织品以及丝绸制品有很大的需求,而热那亚人涉足此行业颇深。当然哥伦布父亲生产的纺织物是否直接流入西非不得而知。但是,他们父子对羊毛纺织物在非洲有着巨大市场这一点应该有十分清楚的认识。

图 32　哥伦布

哥伦布年轻时就出过海,在他的记录中曾提及小亚细亚西岸的希俄斯岛,从这一点可以推测他第一次航海去的是地中海。希俄斯岛现属希腊,是南北 48 公里的狭长的岛屿,乳香脂是该岛的特产,热那亚的琴德利奥奈商会向该岛派遣船只出口乳香脂,想必哥伦布当时也是受雇于该商会。

通过此次地中海航行,哥伦布对于热那亚人的航行世界有了深入了解,他认识到当时热那亚人的活动范围已经远及大西洋南北,并对此抱有浓厚的兴趣。1476 年,哥伦布参加了一支驶往大西洋的船队,该船队把乳香脂从希俄斯岛销售到里斯本、英国、法兰德斯等地。但是,途中在葡萄牙南端的圣维森特角海岬遭遇法国船队的攻击,哥伦布所乘的船只沉没,他自己游泳上岸。不久,哥伦布去了里斯本。当时里斯本有大片的热那亚人居留地,而且热那亚人在商业、金融业和航海业中拥有很大的势力。据说哥伦布乘坐的热那亚船只从英国的布里斯托尔航行到爱尔兰的戈尔韦,之后又航行到冰岛。据说他是在向南航行,这一点十分重要。

哥伦布于 1479 年结婚,据说之后就航海到了西非。虽然没有直接证据,但哥伦布在之后远航美洲时,曾再三提及几内亚也就是西非,因此可以确定他航海去过西非。哥伦布远航西非时期与葡萄牙人修建埃尔米纳城作为黄金和奴隶贸易基地的时期一致,因此有可能他曾经在那里详尽地观察过西非贸易的情况。而且他一定深知黄金和奴隶是非常赚钱的商品,估计这也成为日后哥伦布美洲探险航行的诱因。

哥伦布的亚洲航海计划

1483 年末,哥伦布向葡萄牙的约翰二世(1481～1495 年在位)提出向西远航亚洲的计划并寻求援助。约翰二世非常关注葡萄牙人的非洲探险,对哥伦布的新提案似乎也感兴趣,专门召开委员会进行商议。这个时期,葡萄牙还没有考虑直接去亚洲获取香料,依然主要经营西非的黄金和奴隶贸易。因此,约翰二世觉得哥伦布去往亚洲而不是非洲寻求黄金这一提案充满了诱惑力,值得对之进行研究。

哥伦布的提案的新意在于:他强调不仅可从黄金之国日本获得黄金,而且还可以去马可·波罗所说的中国南部港口,用那些黄金进行香料以及其他贸易以获得更大利益。马可·波罗在《东方见闻录》中盛赞杭州和泉州是世界最大的贸易港。

但哥伦布的提案因为葡萄牙的突发情况而未能实现。在哥伦布向约翰二世提交建议 4 年后,造访西非本宁王国的葡萄牙人传回来一条消息:在非洲深处有个叫奥伽奈的祭祀王携带有十字架。

这个消息让葡萄牙人十分兴奋,因为他们一直在追寻传说中的基督教长老约翰。约翰二世决定马上进行探寻,他先是向西非的廷巴克图、泰克鲁鲁以及莫希王派遣传教士。之后又命航海家巴尔托洛梅乌·迪亚士(1450? ～1500 年)沿着非洲西海岸南下,让在葡萄牙改变宗教信仰的非洲人在非洲各地登陆,进一步收集长老约翰的消息。并且,约翰二世决定同时也从东方寻找。他派遣罗·德·考必里昂经由地中海进入红海,再从红海登陆非洲来寻找长老约翰。

发现好望角

1487 年 8 月,迪亚士从里斯本出发,从西非沿着西南非海岸南下。同年 12 月末,他遭遇风暴。在被冲往东面时,他发现海岸线是向东北弯曲。于是,他意识到自己已经是在非洲大陆南岸航行。于是他又掉头向西航行,在 1488 年初发现了好望角。

迪亚士在那一年的 12 月回到了里斯本,但他带回的消息让葡萄牙王室大为震惊，因为从此就可以绕非洲航行了，而之前一直认为那是不可能的事。因此，印度洋并不是托勒密所说的广阔的内海，而是可以从大西洋直接到达的海域。当时，考必里昂是从开罗到达印度的马拉巴尔海岸，当地繁荣的香料贸易给他留下了深刻印象。之后，他又从非洲东岸的港口出发，去了南纬 21 度的索法拉，了解到东非也进行象牙和黄金的贸易。虽然考必里昂没有回葡萄牙，但他给约翰二世提呈了一份长篇报告，该报告寄达葡萄牙时，迪亚士正好也回到了葡萄牙。

考必里昂后来去了非洲的基督教国家阿比西尼亚（埃塞俄比亚）。之后，科普特教会的阿比西尼亚就成了长老约翰的国度，罗马教皇和葡萄牙国王纷纷派遣使者来到这里。在那之后，约翰二世的目光主要转向了印度。也就是说，除了之前西非的奴隶和黄金，获得印度的香料成了新的国家目标。

1488 年发生的一连串事件使哥伦布的提案无法实现。在那之前，哥伦布一直在同时游说西班牙伊莎贝拉女王（1474～1504 年在位）和斐迪南二世（1479～1516 年在位）。当他得知迪亚士发现了好望角，自己提案因此不被采纳后，哥伦布决定重点游说西班牙国王。

哥伦布远航日本国

哥伦布的计划 4 年之后才得以实现。当时伊莎贝拉女王和斐迪南二世正在攻打西班牙最后的伊斯兰据点格拉纳达并最终获胜，于 1492 年 1 月 2 日占领了阿兰布拉宫。这样，哥伦布获得了两国王的援助承诺书，并于同年 4 月 17 日签订合同。1492 年 8 月 3 日，哥伦布率领 3 艘小船向西面大海航行。

毫无疑问，哥伦布提案的卖点是黄金。但仔细阅读他的第一次航行记录便会发现，他所关注的绝不止黄金，他同时还在不断探求其他贵重物品，在寻找众多商人汇集的大型港口。

估计哥伦布的计划是这样的：首先前往东亚最东端的日本，当时人们认为日本和加那利群岛的纬度几乎相同。仿照在非洲的做法，用黄铜手镯、红色女帽、串珠之类不值钱的东西来换取黄金，然后带着这些黄金去中国本土的港口，在那里再获得香料等东洋宝物,然后再向东回航。这样看来,日本的黄金只不过是哥伦布众多目的当中的一个而已。

众所周知,哥伦布于 1492 年 10 月 12 日到达美洲东岸的巴哈马群岛,接着经过古巴北岸,在伊斯帕尼奥拉岛登陆,在那里他得知岛内有座名叫"西巴奥"的金矿。估计哥伦布是把"西巴奥"当成"日本国"的谐音,以为自己顺利的到达了目的地。

日本国的黄金

哥伦布于次年回到西班牙。虽然没能带回大量的黄金,但他在提呈给伊莎贝尔女王和斐迪南二世的报告中称自己发现了日本国的金矿。听到这样的消息,伊莎贝尔女王和斐迪南二世大喜,准备了 17 艘船,让哥伦布带领 1500 人于 1493 年 9 月进行第二次航行。船队于 11 月 3 日到达小安地列斯群岛,接着经由波多黎各抵达伊斯帕尼奥拉岛,之后马上着手开发金矿。

虽说是开发金矿,实际上是让当地住民采集沙金。这种方式取得了成功,1494 年之后,在加勒比海出现了小规模的淘金热。黄金的产量年年增加,到 1502 年达到了 45 万比索(约 2 吨)。黄金产量在 1511 年到 1515 年达到顶峰,之后开始减少。

加勒比海的其他岛屿上也开始有人淘金。波多黎各岛的黄金生产就是从 1505 年开始,在 1511 年至 1515 年间达到顶峰;在古巴,1511 年以后开始生产黄金。关于加勒比海地区黄金生产的总量,西班牙通商院有详细的记录。美国历史学家阿尔·汉密尔顿根据该记录做了如下的估算:

1503 年至 1510 年,年平均产量为 4950 千克;1511 年至 1520 年,年平均产量为 9153 千克;1521 年至 1530 年,年平均产量为 4889 千克。之后,黄金产量急剧减少,而白银产量增加。

像这样,加勒比海的黄金产量在顶峰时期竟是西非的 10 倍以上,这当然增加了王室的财政收入,但当时的西班牙王室由于和伊斯兰以及欧洲各国的战争已是负债累累。因此,这些黄金的收入无异于杯水车薪。

按照一般的说法,由于哥伦布没有能从加勒比海带回约定好的大量黄金,最终被王室疏远,但事实恰恰相反。实际上,正因为

1494 年出现了淘金热,哥伦布才被排挤出伊斯帕尼奥拉岛的行政。1492 年,西班牙王室宣布解除之前向哥伦布承诺的副王和总督的职位,而且之前承诺的哥伦布八分之一的分红条款也没有付诸实行,只给他保留了一个有名无实的提督称号。

哥伦布于 1500 年 10 月结束了第三次航行回到了西班牙,为了重建当时陷入混乱的殖民地伊斯帕尼奥拉岛的经济,他向王室提议把当地住民变为奴隶,并开展奴隶贸易,以获得更多的收入。但是,他的这个建议却招致虔诚的天主教徒伊莎贝拉女王的不满,没有被采纳。不过,从此事也可以很清楚地看出哥伦布在西非的经历对他后来人生所产生的影响。

瓦斯科·达·伽马开辟印度新航线

就在哥伦布准备第三次航行时,继迪亚士发现好望角之后的葡萄牙终于也有了新的动向。1497 年 7 月 8 日,瓦斯科·达·伽马率领 4 艘船从里斯本起航,同年的 11 月末绕过好望角,作为葡萄牙人首次到达东非的各个港口。

之后,达·伽马从马林迪出发横穿印度洋,于 1498 年 5 月 20 日到达印度西海岸的科泽科德(卡利卡特),进行了香料贸易。而哥伦布第三次航行是在那一年的 5 月 30 号,也就是达·伽马到达印度的十天之后,所以哥伦布对此事一无所知。但达·伽马于 1499 年 7 月 10 日回到里斯本,他带回的香料售出了极高价格,当然这个消息也很快传到西班牙。因此,当哥伦布 1500 年秋回国时应该知道此事。

因此,哥伦布想到了向西去往香料群岛(现印度尼西亚的马鲁古群岛)这样一个新方案。估计他想,如果自己与日本的黄金无缘,那么这次就为香料而去。他立即向西班牙王室提出了进行第四次航海的申请。王室以不能在伊斯帕尼奥拉岛停留为条件,准许了哥伦布的申请。于是,哥伦布于 1502 年 5 月 11 日率领 4 艘船从加的斯港出发,进入加勒比海,然后从洪都拉斯抵达巴拿马,完成了对美洲地峡沿岸的航行。

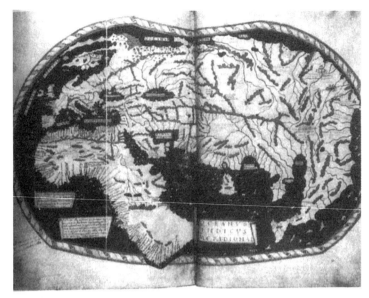

图33 马特尔斯的地图，在这幅地图上，印度洋首次被描绘成开放的海洋

哥伦布的世界图像

只要参照当时公认的世界地图，就能非常清楚地理解这次航行的意义。在哥伦布年轻时，基于传统的托勒密的概念绘制的世界地图最具有权威，印度洋被描绘成一个封闭的海域。然而，由于1488年发现了好望角，人们知道非洲南端并不与陆地相连，一个开放的印度洋海域地图随即被绘制出来。在过去的托勒密地图中非洲南端和东亚南端以陆桥相连，而在新地图中陆桥则变成了细长的半岛形状的大陆，这完全是凭空想象出来的。

估计哥伦布进行第四次航行时脑海里就是这副地图。他把第三次航行所到的美洲大陆认定为这个东亚大半岛，他相信在这里的某处肯定有一个狭窄的海峡或者水路能通往西面的海域，而那里就有香料群岛。哥伦布之所以在从洪都拉斯到巴拿马的航行过程中一直做着仔细的调查也就是因为这样的缘故。

哥伦布一边探寻海峡，一边执着地寻找黄金。当他听说巴拿马的贝拉瓜斯地区有金山，便决定去开发。但他所率领的4艘船都已经老化并相继沉没，无法继续探险。当他在牙买加临时避难时失去了所有船只后，只好派一只独木舟去伊斯帕尼奥拉求援，最终才得以回国。

回国之后，等待哥伦布的是资助人伊萨贝尔女王去世的消息。心灰意冷的哥伦布在一年半后的 1506 年 5 月 20 日追随女王在西班牙北部的巴利亚多利德去世。如果这二人寿命能再长一些，哥伦布肯定会进行第五次贝拉瓜斯探险航行。如果在那里发现黄金，估计又会上演和在伊斯帕尼奥拉岛一样的悲剧。

美洲的黄金

哥伦布的追随者

哥伦布死后留下了两个课题：一个是探寻中美地峡的黄金，另一个则是探寻通往香料群岛的水路。斐迪南国王在哥伦布在世时就在卡斯蒂利亚的托罗召集亚美利哥·维斯普奇（1454～1512 年）等人商议让谁去探寻哥伦布所说的"海峡"，以便能西行到达香料群岛。在哥伦布生前，斐迪南国王不愿意采纳哥伦布的提案，而在哥伦布去世两年之后的 1508 年，斐迪南王国在布尔戈斯又召开了一次会议，召集了以亚美利哥为首的当时著名的航海家们，并决定继续探寻海峡。

经过托罗和布尔戈斯两次会议，西班牙向美洲大陆各处海岸派遣了一些有能力的航海家，其中一个探险团队在 1508 年获得王室许可，从第二年起在巴拿马地峡以及现在的哥伦比亚北海岸进行有组织的探险。该团队有两个头领，分别是阿隆索·德·奥赫达和迪亚哥德·涅库萨。他们试图在被命名为"黄金的卡斯蒂利亚"的巴拿马地峡进行殖民并寻找黄金。哥伦布带回的贝拉瓜斯黄金的传说已经在西班牙流传开来，而当地也在不知不觉间被冠以黄金之名。

奥赫达和涅库萨一行为了开拓殖民地费尽了周折，有人患上热病，还遭到当地住民的攻击，这让他们失去了许多部下，最终两人也丢了性命。但是，他们还是在现哥伦比亚北岸建起了叫做圣·玛利亚·拉·安提瓜·达连的殖民地，总督瓦斯科·努涅斯·德·巴尔沃亚(1475～1519年)开始对当地的黄金出产情况进行详细调查。

从太平洋到印加帝国

巴尔沃亚将自己的调查结果汇报给西班牙国王,那份报告留存至今。他在报告中称:达连地区有丰富的金矿,大量出产黄金。从那里继续往内陆去,所到之处也都出产黄金,在那些金山对面有另一片海,那片海的酋长家里有"令人难以置信的大量黄金装饰品"。

居住在"黄金的卡斯蒂利亚"的以巴尔沃亚为代表的西班牙人开始全力以赴探寻黄金,而且实际上也获得了大量黄金。因为该地区自古就是美洲的黄金产地之一,当地的酋长和神官佩戴着华丽的黄金饰物,而那些宝物在酋长们去世后又作为陪葬品葬入墓中。其中不少陪葬品没有被西班牙人发现,因此能保存至今,陈列在哥斯达黎加、巴拿马和哥伦比亚的黄金博物馆。当然,被西班牙人掠夺的黄金也不在少数。

巴尔沃亚向国王说的另一片海就是太平洋。他在1513年9月1日率领190人从达连地区出发,横穿巴拿马地峡,于9月19日达到太平洋,并将之命名为"南海"。他的目标当然是大洋彼岸拥有丰富黄金资源的国度。

刚从西班牙到任的总督佩德拉里亚斯使得巴尔沃亚的梦想化为泡影。由于两人关系不和,佩德拉里亚斯在1519年以谋反的名义将巴尔沃亚处死。

之后不久,曾任巴尔沃亚副官的弗朗西斯·皮萨罗就开始秘密地寻找黄金帝国。他们从1524年起花费5年的时间在现在的哥伦比亚和厄瓜多尔的太平洋沿岸进行探索,最终确认了印加帝国的存在。他先是回到了西班牙取得了国王卡洛斯一世的许可,然后再次去巴拿马招兵买马,于1532年入侵占并领了印加帝国。

皮萨罗他们在秘鲁北部高原的卡哈马卡和南部高原的库斯科两地掠夺了大量的黄金。之后向北前往哥伦比亚的贝拉尔卡萨尔,入侵大西洋一侧的波哥大高原,并与穆伊斯卡族黄金的掠夺者希门尼斯·德·凯萨德相会,二人瓜分掠夺来的黄金。这两次的探险所发现的南美黄金文化,吸引更多的探险者来到南美。

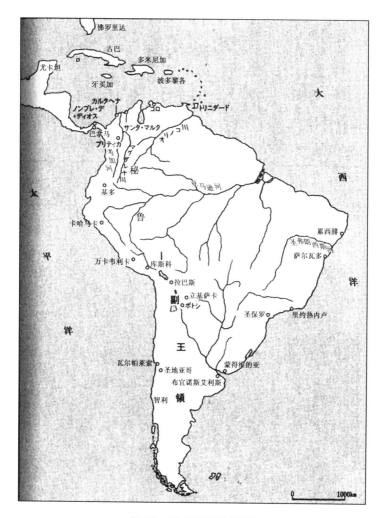

图34　16世纪的南美洲

中南美各地

　　1519年至1521年，西班牙人征服墨西哥并掠夺了大量的财宝。受此影响，西班牙的探险队为了寻找第二个、第三个墨西哥而在中美洲的危地马拉、尼加拉瓜以及北美南部、德克萨斯等地进行探险。

　　16世纪前半叶的西班牙人完全被黄金迷住了心窍。有近万人为了追寻黄金在如此辽阔的地区南北征战，真是史无前例。但好景不长，自从发现了穆伊斯卡族的黄金之后，就再没有发现新的黄金之乡。

加勒比海的黄金开采起始于1492年，到了1520年代，黄金产量开始下降，从事黄金开采的大部分西班牙人开始向美洲大陆转移，最初在巴拿马地峡到哥伦比亚之间发现了墨西哥和秘鲁，后来在南北美洲继续探寻黄金。在初期的掠夺之后，西班牙人试图找到更大规模的金矿，正式着手黄金生产。

巴拿马地峡是西班牙人在美洲大陆进行殖民统治的地区。在初期的掠夺之后，西班牙人让当地住民在河床采集沙金。但是，由于旧大陆病毒性疫情的影响，当地人口剧减，几近灭绝。之后，西班牙人从非洲运来黑奴开采黄金，但产量并不多。根据当时的资料显示，黑人奴隶一天只能采集1比索的沙金。1比索为4.18克纯金。这样的话，需要工作20多天才能获得0.1千克的黄金。

本部设在德国奥格斯堡的威萨商会借给当时的西班牙国王卡洛斯一世大量资金，作为担保他们获得了委内瑞拉地区的开拓权，并掌控了当地的政治经济，当然他们同样也热衷于黄金的开采。他们最初利用当地住民以及黑人奴隶开采黄金，但效率不高，10年间只产出了380千克黄金，其中五分之一作为税金上缴给王室，再除掉各种经费，每年的收益只有135比索。因此，这对西班牙王室来说也属于毫无意义的投资，威萨商会因此也在1540年自动放弃了委内瑞拉的开拓权。

南美智利也出产黄金。这里的开发要比秘鲁晚，而且阿拉乌卡族对西班牙人进行了顽强抵抗，使当地的黄金开发陷入困境。据统计，1545年到1560年大约每年产出2000千克黄金，而自1560年以后黄金产量急剧减少，这大概是因为与阿拉乌卡族之间战争的缘故。1595年到1599年间，产量又有所上升，但由于1599年发生了阿拉乌拉族的大动乱，产量再次骤降。

印加帝国所在的秘鲁16世纪是主要的黄金产出国之一。1535年，也就是西班牙占领库斯科的3年之后，黄金产量为1649千克，白银为1万7183千克；从次年的1536年到1540年间，每年黄金的产量为2891千克，白银的产量为3万4900千克。

在和印加帝国齐名的北方文明国度墨西哥,征服者埃尔南·科尔特斯作为瓦哈卡盆地的侯爵在殖民地定居,之后他在自己的辖区内大力开采金矿。并实施了监护征赋制度①,在西班牙人统治区域,让当地住民来开采黄金。另外,每年要向国王缴纳 1650 比索的人头税。

墨西哥的黄金产量一直增长到 1540 年,但从 1540 年到 1547 年间产量急速下降,1540 年的黄金产量为 8200 比索,而 1547 年则下降到 764 比索。

根据阿尔·汉密尔顿的研究,南北美洲的金银总产量如下表所示:

年代	金(千克)	银(千克)
1503～1510	4,950	0
1511～1520	9,153	0
1521～1530	4,889	86,148
1531～1540	14,466	86,193
1541～1550	24,957	177,573
1551～1560	42,620	303,121
1561～1570	11,530	942,858
1571～1580	9,429	111,892
1581～1590	12,101	2,103,027
1591～1600	19,451	2,707,626

从这张表中可以清楚地看出,虽然秘鲁等地的黄金产量下降,但同一时期美洲的黄金总产量却在上升,这主要是因为在哥伦比亚发现了金矿。

在哥伦比亚的考卡河流域发现几个优良的金矿,其中圣·费·德·安蒂奥基亚的布里提卡金矿最有名。哥伦比亚每年大约

---

① 监护征赋制是西班牙王国在美洲殖民统治初期实施的制度,该制度委托某一征服者或者官吏对居住在某一地区的一定数量的印第安人进行统治。接受这一职务的"监护人"可向当地居民征收税赋,但必须保护他们并指导他们信仰基督教。这种制度存在很多弊端。

产出 4 吨黄金，从 1551 年到 1560 年间往塞尔维亚大约输送了 40 吨黄金。

　　这张表当中还有一点也值得注意。一开始银产量是零，从 1551 年到 1560 年的十年间急速增长，1560 年以后增长到庞大的数值，在 16 世纪末已达到了 270 万千克。这是因为在 16 世纪中期，基本上是同时在上秘鲁（玻利维亚）和墨西哥发现了非常优良的银矿，并开始开采白银。特别是在 1560 年以后，由于从欧洲导入了新技术，银产量有了飞速增长，美洲大陆迎来了白银的时代。劳动力被转移到白银的开采方面，金矿的劳动力也相应减少，这也和黄金产量下降有关系。

白银时代

波托西银山的发现

　　1545 年在上秘鲁即现在的玻利维亚的波托西高地，发现了大型银矿。16 世纪的记录者讲述了发现波托西银矿的全过程。

图 35　波托西银山和城镇（1553 年）

　　在现在的秘鲁和玻利维亚国境附近，有一座叫做波鲁克的银矿，该银矿从印加时代起就被开发了。西班牙人入侵以后，占领了该银矿,强迫当地住民为他们采银。一个出身于库斯科地区的名叫瓜鲁帕的男子曾在波鲁克银山劳作,有一次他在追捕猎物时来到了西边并爬上了山坡。由于道路险峻,为了支撑身体他抓住了地上的草,草轻易就被拔出来了,他发现草根上沾满了银粒。

瓜鲁帕将自己的发现隐瞒了一段时间,但最终还是被一个叫比利亚罗爱鲁的西班牙人知道了。这个西班牙人带着瓜鲁帕去波托西,确认了令人惊叹的银矿床,在 1545 年 4 月 21 日,他与瓜鲁帕联名向西班牙王室申请登记。

波托西当时是无人之地,随着银矿的发现,人们开始渐渐往此地集聚,被西班牙人奴役的当地居民自然也增加了,1555 年当地人口已增至 4 万 5 千人。在 6 年之后的 1561 年,波托西从西班牙王室获得了"比利亚"(城市)名称。之后,城市人口猛增,到 1610 年达到了 16 万,位于海拔 4000 米高原的比利亚成为当时美洲大陆最大的城市。据记载,当时该城市有白人妓女 120 人,还有 14 家赌场和 14 家舞厅。

波托西有着史上罕见的大型银矿,在发现波托西一年之后的1546 年,又在墨西哥的萨卡特卡斯发现优质银矿。最终人们知道此地有多处优质银矿,相继形成了瓜纳华托、萨卡特卡斯、圣·路易斯·德·波托西等矿山城市。

这些几乎同时被发现的上秘鲁和墨西哥的银矿成了西班牙王室财政的支柱。这些矿山产出的白银被铸成银锭并敲上王室官员的印记,运往巴拿马或维拉克鲁斯,从那里再由船队运往西班牙。1557 年前后,从西班牙引进的水银合金工法对上秘鲁和墨西哥银矿的开采产生了划时代的影响,银产量因此飞速增长,在 1470 年以后出现了白银热。

由于 1563 年在秘鲁中部高原发现了万卡维利亚水银矿,这使水银合金工法这种新冶金技术所需水银的供给变得十分容易,但墨西哥各大银矿的水银主要依靠西班牙本国阿尔马登水银矿来提供。自此,西班牙的美洲殖民地由黄金时代转向白银时代。1595年,在美洲殖民地对西班牙本国的出口品中,白银占 95%,胭脂红(红色颜料)占 2.8%,皮革占 1%,由此可以看出白银占据绝对重要的地位。

像这样,白银从美洲大量出口到西班牙,对西班牙本国经济产生了很大的影响。据汉密尔顿的统计,1503 年至 1660 年间,从美洲出口到西班牙的白银为 4 万亿 700 万比索,其中 1 万亿 1700 万比索进入王室,3 万亿 3000 万比索则流入个人手中。

白银的去向

这些白银大致有两个去向。16～17 世纪的西班牙国王们欠下了商人的巨额债务,特别是德国商人和意大利商人的债务。因此不难想象,当时从美洲进口的白银基本上从王室金库过一下,便转入这些债权人手中。问题是那些流入普通人手中的白银的去向。一般认为,白银大量流入西班牙引发通货膨胀,物价上涨,百姓生活艰难。汉密尔顿认为,那些经由西班牙王室流入外国债权者手中的白银最终在国外市场流通,因此整个欧洲经济被美洲新大陆的大量白银搅乱了,引发了前所未有的通货膨胀。

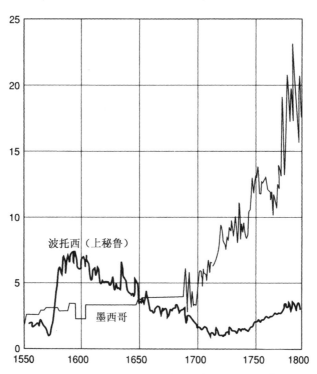

图 36　秘鲁和墨西哥的银产量(单位为 100 比索)

西班牙国王卡洛斯一世（1516～1556 年在位）为了当上神圣罗马帝国的皇帝背负了巨额外债。他对选帝侯进行巨额的贿赂，并在与法国的弗朗索瓦一世以及与土耳其的战争中耗费了巨额军费。同时，为了维持庞大的官僚制度，需要庞大的预算。他的负债额高达 3801 万 1170 达克特，其中 3310 万 2305 达克特是外债，债权人是德国、弗兰德、意大利的商人。如此负债累累，就算把从美洲运来的财富全部用于还债，还差 200 万达克特。研究卡洛斯一世财政的西班牙历史学家拉蒙·卡兰德做了以上统计。也就是说，当时有如此数量庞大的金银流向欧洲。

不过，如此大量的白银流通和当时欧洲出现的物价显著上涨之间的关系并不十分明确。尽管西班牙的物价有显著上涨，但在美洲白银流入以前物价就已经开始上涨了。有人认为原因之一是当时在西班牙南部，每年两次大型船队会集中采购运往美洲殖民地的物资，这引起了通货膨胀。

在西班牙以外的国家也出现了物价上涨。例如，法国社会思想家让·博丹曾在 1568 年就物价上涨问题撰文。但是，法国、意大利等国物价上涨的具体情形至今还没有得到澄清。

西班牙国王支付给外国债权者的贵重金属从西班牙流向外国，这是事实。但是，笔者并不认为所有贵重金属都在欧洲流通。因为债权人是商人，所以他们很有可能会像热那亚人那样，将收回的贵重金属再次用作西班牙开发殖民地的资金，或者投资当时已经非常活跃的印度洋贸易。而且，从印度洋方面来看，在这个时代之后从欧洲流入的贵重金属的确增加了。

墨西哥白银的流通

墨西哥的白银不仅流入西班牙本土，还流向东洋。根据萨拉戈萨条约，西班牙于 1529 年将香料群岛的权利让给了葡萄牙，同时主张菲律宾为本国领土。

1571 年，米格尔·洛佩斯·德累加斯皮着手建设马尼拉，开启了西班牙在菲律宾的殖民时代。当时已经有中国人、日本人在菲律宾居住，西班牙人通过中国人开始介入中国南海贸易。被西班牙人称为"马尼拉大帆船"的船只定期从墨西哥运来白银，以换取中国的丝绸、陶瓷器、象牙工艺品等,然后把这些换来的物品运回墨西哥销售获得利益。

像这样,在墨西哥铸造的 8 里亚尔银币开始在东亚以及中国南海流通,正式的货币名为里亚尔·德·阿·奥乔,在英语中称为 piece of eight。这种 8 里亚尔银币相当于 272 马拉贝蒂,1 马拉贝蒂是 0.094 克的白银。马拉贝蒂也被称为皮尔斯托拉或者比索,之后在西班牙也开始铸造此种货币。俗称"西班牙银元"或者"墨西哥银元"指的就是这种货币。墨西哥银元在亚洲长期作为国际货币流通,到了 20 世纪仍被使用。

马尼拉始建于 1571 年(元龟二年),这一年正值日本长崎开港。葡萄牙船只首次来到日本是 1543 年(天文 12 年)。6 年后的 1549 年(天文 18 年),第一个西班牙传教士圣方济·沙勿略和他的弟子来到了九州。之后一直有耶稣会在日本进行传教活动,但两国间的商业关系尚未确定。葡萄牙的商船首次来到九州是在 1544 年,但此后葡萄牙船只只是零星进入日本的港口,贸易量并不大。而以 1571 年长崎开港为契机,日本和葡萄牙之间的贸易关系正式成立,日本的白银也开始大量流向海外。

因此,说到墨西哥银元在亚洲的流通,就不得不谈一谈日本的白银流通情况。

日本所起的作用

金银用途的变化

日本古代以及中世纪有名的黄金产地有陆奥、下野、骏河等地,著名的白银产地为对马。奥州黄金非常有名,屡次进献给朝廷。但在日本,金银几乎没有被用作货币的情况,中世纪作为货币最为流行的是从中国进口的铜钱。

金银一般被用作上流阶层之间的赠答、俸禄和赏赐。例如,将军家遇到喜事会收取贺礼,朝廷使者传达任命官职的圣旨时,将军会向使者赠送沙金。另外,金银还被用作于神社的供奉品,以及佛教法事时的布施等。

金银还用于与外国的贸易。例如,足利义满在 1401 年(应永 8

年)首次向明朝派遣使者时,就献给明朝皇帝黄金 1 千两。或许那不是贸易的费用。另外,在 15 世纪的勘合贸易中也看不到任何出口白银的迹象。

室町时代末期,日本进入群雄割据的时代,战国大名着手开发金银,以强化自己的财政基础。经过战乱,地域经济的壁垒被打破,经济渐渐向全国规模流通的方向转变。因此,呈现出开发金银并将之用于交换经济的倾向。

16 世纪中期,金银在贸易中频繁使用。被称为"勘合贸易"的官方贸易则采取了朝贡贸易的形式,用日本白银购买中国的高价物资。同一时期,日本也开始向朝鲜大量出口白银。一般推测这些白银最后还是流入了中国。在勘合贸易中,最重要的进口品是生丝。在日本,平安时代以来,上流阶层的衣服一般都以丝绸为原料,农民和平民一般穿用树皮布或者麻布制成的衣服。16 世纪,木棉树从中国传入日本,当时已开始生产棉花,但直到进入江户时代以后棉花才得以普及,成为农民和平民的贵重衣料。

当时日本上流阶层衣料中必不可少的丝绸还没有生产,完全依赖从中国进口。日本的贵族和武士阶层与罗马上流阶层一样,也需要中国的丝绸。

和葡萄牙人的生丝贸易

由于"后期倭寇"在中国东南沿海活动猖獗,明朝颁布了禁海令,在勘合贸易中日本派往明朝的船只也于 1547 年(天文 6 年)结束。之后,尽管室町幕府多次希望重新开展贸易,但遭到了明朝的拒绝。而以澳门为据点的葡萄牙人则抓住这次机会,将中国生丝运到日本。葡萄牙于 1510 年占领果阿,1511 年占领了马六甲,1512 年很快进入到香料群岛,并强行加入了从印度洋至中国南海的香料贸易。之后,他们接近中国,在中国南海海岸进行秘密的贸易活动。自 1557 年获得澳门居住权之后,葡萄牙人便从澳门将中国的生丝运往日本平户,后来则运往长崎,以高价卖给日本商人,获得了巨额利益。

葡萄牙的生丝贸易并不是自由贸易,而是官许贸易,这种贸易在被称为"船长制"的非常严格的管制下进行。也就是说,由葡萄牙国王或者果阿总督任命的船长掌握航行和贸易的所有权力,在他的指挥之下,每年有600吨乃至800吨的帆船从果阿经由澳门驶往日本。首先是4月份从果阿出发到马六甲,在马六甲短暂停泊之后等待季风再驶往澳门,在澳门停留9个月并在那里收购生丝,然后驶往日本,在日本停留数月后才返回到澳门。接着,又利用季风返回果阿,所以一趟往返要花上3年。但一次航行就能很轻易地获得15万乃至20万达克特的利益,因此对葡萄牙人来说仍然是一桩好买卖。

葡萄牙的船只在长崎贸易的全盛时代,到17世纪初止,一次能向日本出口16万乃至20万斤生丝。但在1601年(庆长6年)之后,德川家康开始和中国南海以及东南亚进行朱印船贸易,1604年制定了生丝进口特权来控制生丝贸易,因此葡萄牙人的生意便不如以前。并且,德川家康希望中国、荷兰、英国等国的船只来日本,同时要求西班牙的船只能驶入关东的浦贺,从而打破了葡萄牙人对于日本贸易的垄断。

之后日本开始禁止基督教。德川幕府最初只是禁教,依然允许进行贸易活动,但后来幕府发现有贸易就无法禁教,于是加强对贸易的控制。1637年～1638年(宽永14～15年)的岛原之乱发生之后,德川幕府开始全面禁止葡萄牙船只驶入日本。

荷兰的生丝贸易

荷兰人以巴达维亚为据点,继葡萄牙人之后从事中日之间的生丝贸易而获利。

一开始是用白银购买生丝。当时,日本大力开发银矿,白银产量大增,其中多被用于长崎贸易。可惜的是,这个时代日本到底产出了多少金银,即便是专业历史学家也知之不详。似乎有一些零星的史料,但不知道总产量究竟有多少。据历史学家小叶田淳氏称,17世纪初,日本每年出口的白银可能有20万千克。

中国人也跟荷兰人一样在长崎从事贸易,日本用白银支付进口品的费用。后来,白银枯竭,因此在17世纪开始解禁黄金出口,随后又禁止白银出口,曾有一段时期日本用黄金来支付生丝进口的费用。但后来德川幕府铸造的金币成色下降,荷兰人避而远之。

这样一来，日本进入了出口铜的时代。

日本的金银出口

新井白石在《本朝宝货通用事略》中对江户时代初期的银金铜的出口状况进行过这样的概述：

首先是白银的出口，在 1601 年（庆长 6 年）至 1647 年（正保 4 年）的 46 年间，为 112 万 2687 多贯，在 1648 年（庆安元年）至 1708 年（宝永 5 年）的 60 年间，为 37 万 4209 多贯，流失的白银数量相当于铸造量的四分之三，是白银储备量的两倍。

黄金在 1614 年（宽永 18 年）之后就禁止出口，但在 1664 年（宽文 4 年），带附加条件容许向荷兰出口。在 4 年后的 1668 年（宽文 8 年），黄金出口全面解禁，取而代之的是禁止白银出口。也就是说，日本开始以金币取代白银用于支付。金币 1 小判相当于银 68 匆①，当时的汇率是 1 小判兑换银 60 匆，所以汇率对日本有利。但是，当时在荷兰巴达维亚的汇率是 1 小判兑换 30 荷兰盾，所以即便按照 1 小判兑换 68 匆（23 盾）的汇率，还是能赚 6 荷兰盾。新井白石在他的著作中指出：在 1601 年至 1647 年的 46 年间，有 619 万 2800 多两金币流失海外，而在 1648 年至 1708 年的 60 年间，又有 239 万 7600 多两的金币流失海外，这些黄金相当于日本黄金铸造总量的四分之一，黄金储备量的三分之一。

为了防止这些金币流失海外，采取的手段之一就是改铸元禄金币，将成色降低至庆长金币的三分之二，同时坚持银 68 匆的汇率，荷兰人因此蒙受损失。后来，荷兰人拒绝接受这种金币，要求用铜来结算。新井白石指出：在 1601 年（庆长 6 年）到 1662 年（宽文 2 年）的 61 年间，有 2 亿 2899 万 7500 多斤的铜流失海外，而在 1663 年（宽文 3 年）至 1708 年（宝永 5 年）的 45 年间，又有 1 亿 1449 万 8700 多斤的铜流失海外。

从 16 世纪后半期到 17 世纪，日本银大量流失，这正好和南北两美洲银大量流入西班牙的时期相同。被运往欧洲的美洲银估计大部分流入到印度洋地区，而墨西哥银也由西班牙大帆船运到了

---

① 译者注：匆是日本独有的单位，1 匆＝3.75 克。

马尼拉,用来交换中国的生丝和陶瓷器。因此,此时有大量白银在印度洋和中国南海地区流通。一般推测印度、香料群岛,特别是大国中国吸收了这些数量庞大的白银。

关于这个时代的日本黄金生产,再想做一些补充。从 16 世纪到江户时代被开发出来的金矿在日本全国有十多处,其中著名的有甲斐骏河金矿,之后是伊豆金矿。佐渡的黄金在平安末期被发现,从 16 世纪末到 17 世纪,西三川的沙金也被人们大量采集。通常所说的佐渡金矿就是指相川矿山。但是到近世,白银开采占据主要地位。另外,东北地区也有很多黄金产地,南部、秋田的黄金资源就比较丰富。

在西日本有但马、萨摩等比较著名的金矿。在天文后期,也就是 16 世纪中期,似乎就有黄金从中国流入日本,这一点令人意外。根据某荷兰人的记录,从澳门出口到日本的货物中,黄金是仅次于丝织品的重要商品。在中国,当时金银的兑换比率为 1 比 8,金价非常低廉。因此,进口黄金对于银资源丰富的日本来说非常有利。

在 16 世纪后半期,菲律宾的金银兑换比率比中国还要低廉。据米格尔·洛佩斯·德累加斯皮在 1567 年书信中的记载,日本人曾到吕宋、民都洛等岛屿进口黄金和蜡。另据伯安·帕切科·马鲁德纳德于 1575 年给西班牙国王腓力二世(1556 年～1598 年在位)书信的记载,日本盛产白银,日本船只每年都来交易,主要交易是用白银换取黄金,交换的比率是金 1 马鲁克兑换银 2～2.5 马鲁克。

丰臣秀吉和黄金

日本在 16 世纪已经积累了大量黄金。因为贸易流失到海外的黄金不多,反倒是通过进口,日本的黄金储备量增加了。当时日本正处于从动乱逐渐走向统一的时代。这些黄金大概是被各地诸侯用作军费。丰臣秀吉统一日本之后,各地诸侯向丰臣秀吉和德川幕府进献物品,黄金在当中占有重要地位。众所周知,丰臣秀吉等人积极蓄积黄金,同时很慷慨地把黄金赏赐给臣下以示自己的权威。据说丰臣秀吉非常喜欢黄金,还建造了黄金茶室,制作了茶器。

在丰臣秀吉的时代,黄金开始被铸造成货币。这就是 1588 年(天正 16 年)命令后藤德乘铸造的"天正大判"。

17 世纪初,德川幕府铸造了所谓的庆长小判、大判以及 1 分银,但德川幕府的金银币并没有能在全国迅速普及,也没有能垄断货币的流通。例如,加贺藩就有自己铸造的货币,其他各藩国也有印上自己本藩印章的地方货币,而在仙台藩等地以沙金征收赋税的做法一直持续了很久。

而后因为财政困难,德川幕府在元禄期首次改铸金币。随着幕府财政吃紧,小判和 1 分银的成色也不断下降。庆长小判的含金量为 15 克,而元禄小判的含金量只有庆长的 68%,也就是下降为 10.2 克。第 8 代将军吉宗时代所铸的元文小判的含金量为 8.6 克,到了第 11 代将军家齐时代改铸的文政小判的含金量就降到 7.3 克。更有甚者,1837 年(天保 8 年)天保改铸的小判的含金量甚至下降到 6.4 克。这是发生在明治维新 30 年前的事情。

第六章　近代黄金

前言

　　大西洋时代起,欧洲人就开始执拗地掠夺墨西哥和秘鲁的金银,但世界史上真正的重大事件要在那之后才发生。首先是 16 世纪中叶在秘鲁和墨西哥发现了大型银矿,之后 17 世纪末巴西也发现了金矿,这些都是对世界史产生巨大影响的事件。

　　发生在米纳斯·吉拉斯地区的淘金热使人口向该地区迁移和集中,其规模远远超出 16 世纪加勒比海淘金热的时候。殖民地的黄金当然使得葡萄牙本土更加富裕繁荣,但将这些财富悄悄据为己有的却是英国。英国在 16 世纪主要想方设法获取发达国家西班牙的财富,而到了在 17 世纪开始经营茶叶、棉花、白糖、奴隶等商品,成为一个发达的商业国家。1703 年英国与葡萄牙缔结了《麦修恩条约》,以优惠的关税向葡萄牙出口毛纺织品,之后英国垄断了葡萄牙的毛纺织品市场,获取了大量的黄金。

　　由于巴西黄金的流通,英国的黄金储备不断增加,在 19 世纪初实行了金本位制。黄金作为本位币,成为世界经济的基本单位,而在世界各地相继出现的淘金热也支撑着金本位制。在之后的一个世纪,金本位制作为世界经济的价值尺度发挥了积极的作用。

巴西的黄金

巴西和葡萄牙人

1500 年,佩德罗·阿尔瓦雷斯·卡布拉尔(1467 年左右~

1526 年左右）所率领的船队在向印度航行的途中到达巴西，当时他以为巴西只是一个大岛，后来才知道是大陆。1503 年前后，葡萄牙王室着手在巴西殖民。一开始实施的是名为"船长制"的委托开拓制度，但以失败而告终。因此，从 1549 年开始由总督对当地进行直接统治。

虽然巴西领土辽阔，但大部分是亚马逊热带森林，很难入侵到内陆地区。因此，在殖民初期，殖民者在海岸地区建设大型庄园，从马德拉群岛移植甘蔗进行种植。大型庄园被称为"法曾达"，葡萄人住在被称为"卡扎·顾朗德"（大房子）的豪宅，由当地人或者非洲黑奴从事甘蔗的栽培和砂糖的生产。进入到 17 世纪之后，巴西一度被荷兰人占领，这个时期荷兰人对甘蔗生产方式进行改良，生产量得到提高。

荷兰人对巴西东北部的占领于 1654 年结束，葡萄人再次着手振兴大庄园的砂糖业。但是，17 世纪后半期开始，以转移到西印度群岛的荷兰人为首，英国人、法国人在加勒比海各岛屿的甘蔗种植业也迅速发展，在地理位置上离欧洲更远的巴西砂糖业存在诸多不利条件。而且，在东北部的砂糖生产中心地巴伊亚和累西腓，由于黄热病来势凶猛，劳动力骤减。因此，1680 年代巴西经济陷入萧条。

巴西的淘金热

然而，随后在巴西内陆发现黄金，引起了一场淘金热，巴西经济因此复苏。

黄金是由被称为圣保罗人班得伊朗特斯的探险家们发现的，那些人是富有冒险精神的葡萄牙人和以狩猎为生的巴西原住民混血儿，他们常常结队携带武器进入内陆探险。团队有大有小，有时会超过 2 千人。他们的目的是为海岸大庄园寻找必要的劳动力，将内陆住民抓去做奴隶，同时也抱有惘然的寻宝之梦。

16 世纪以来，欧洲人深信热带地区一定有黄金。如前所述，曾经征服了安第斯高原文明的西班牙人，为了探寻黄金国不畏艰难在亚马逊河和奥利诺科河流域的热带洼地反复进行探险活动。巴西的黄金究竟是如何被发现的，这些不得而知。据说是 1693 年至

1695 年,在现在被称为米纳斯·吉拉斯的地方,是分别由好几组班得伊朗特斯发现的。

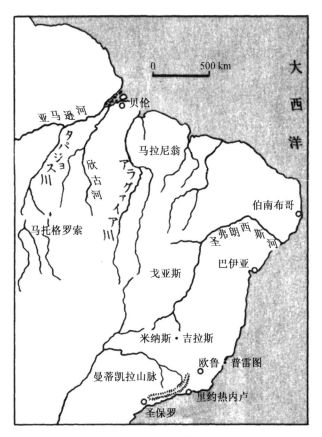

图 37　18 世纪的巴西

在米纳斯·吉拉斯发现沙金

在米纳斯·吉拉斯发现沙金的消息于 1695 年传到里约热内卢。由于巴西东海岸的分水岭离海很近,所以没有河流直接从内陆流向大海,巴西东部最大的圣弗朗西斯哥河几乎是南北方向流动。在圣保罗北面不远处就是延绵的曼蒂凯拉山脉。穿过这里险峻的山地,就可以进入盆地。在流入圣弗朗西斯哥河上游的一些小河中,人们发现了闪闪发光的东西。葡萄牙语的"法伊斯卡鲁"

就是闪闪发光的意思，由此词衍生出"法伊斯凯伊洛"一词，也就是意为"寻找闪光物的人"，在米纳斯·吉拉斯的周边地区很快就集聚了许多这样的探险者。

大量的"露天矿勘探者"集聚到米纳斯·吉拉斯。他们不畏道路的险峻，冒着巨大的危险来到这里。农场主放弃了甘蔗田地，士兵放弃了要塞，神职人员放弃了教会，水手放弃了船只，他们或骑驴马，或乘坐船只，或徒步，带着黑奴来到这里。之后，从葡萄牙迁移来的人群不断集结成为大团体。在没有耕地的米纳斯·吉拉斯突然集聚了上万人，首先爆发了粮食危机，后来彼此间纷争不断，不法之徒横行霸道。当然，最初发现此地的圣保罗人为了维护自身的权益与外来者不断地进行争斗。

被发现的是成色为 21.5 或者 22.5 的优质黄金。于是，就出现了做淘金者生意的商人，有为淘金者提供粮食的，也有高价出售黑奴的奴隶贩子。从安哥拉和几内亚来的黑奴船也来到里约热内卢，将黑奴高价出售到米纳斯·吉拉斯。

黄金的发现在各种意义上给巴西社会带来了巨大影响。一开始，西班牙王室对无秩序的黄金开采不得不保持沉默，但最后还是介入了米纳斯·吉拉斯的政治，对淘金者挥霍黄金，以及悄悄将黄金运往海外的做法进行管制。

当然，米纳斯·吉拉斯也发生了严重的通货膨胀。史传作家斯蒂芬·茨威格（1881～1942 年）在他的遗作《巴西》（1941 年）中这样写到：

> 商人们用推车将那些不值钱的货物运到偏僻的山地，获取上百倍的利润。昨日还与乞丐无异的那些冒险者们，现在穿着花哨的天鹅绒衣和丝绸长筒袜，一副踌躇满志的样子。他们在巴伊亚，用 20 倍于银币的金币来购买镶嵌工艺手枪。一个漂亮的混血儿姑娘的价格比法国王宫最高级妓女的价格还要高。因为这里黄金多，所有结算、评价、尺度都偏离了人们的常识范围。有人在这里用骰子或扑克赌博，一个晚上输的钱可以在欧洲买到拉斐尔或鲁本斯的画，或者可以建造一艘船，建一座豪华宫殿。

阿斯玛鲁伯爵在出任圣保罗和米纳斯·吉拉斯州的州长后，开始对产出的黄金进行严格管理，要求所有的沙金首先要送到造币所，王室要预先扣除所铸造黄金的五分之一。但淘金者还是想尽一切办法来逃脱管理。尽管有非常严格的监视，但依然有大量黄金被偷偷带往国外。虽然西班牙王室也知道有这样的事情，但他们也无能为力。因为不管怎么说，米纳斯·吉拉斯是一个非常偏僻的地区，王室不可能派大军来这里监视淘金者的所有活动。

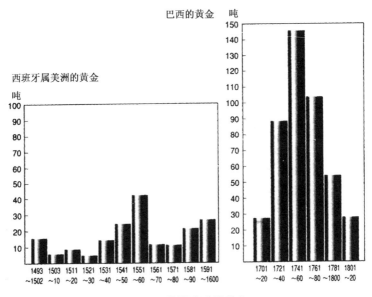

图 38　美洲大陆的黄金

　　到底开采了多少黄金呢？正式出口到葡萄牙的黄金量 1699 年为 725 千克，1701 年为 1780 千克，1712 年为 1 万 4500 千克，1720 年达到 2 万 5000 千克。当然这只是官方数字，除此以外，估计还有大量黄金流出国外，或就在巴西国内流通。

巴西的辉煌时代

　　进入 18 世纪不久，1725 年在戈亚斯，1734 年又在马托格罗索的顾阿珀雷发现了黄金，再次引发了淘金热。之后还在巴伊亚地区发现了沙金。在 18 世纪 20 年代末,巴西境内还发现了钻石。黄金和钻石让全巴西从此进入全新的辉煌时代。大量富豪不断涌现出来,他们在圣保罗、里约热内卢等大城市过着极其奢侈的生活。

有一个叫做弗朗西丝卡·达·希尔芭的女人可以代表这个时代。虽然她是奴隶出身,但长得漂亮,先是成了当地葡萄牙人的妾,之后又成为当时非常有名的富豪律师若昂·菲鲁南迪斯·德·奥里贝伊拉的妾,享受着极其奢华的生活。据说,奥里贝伊拉为了博得她的欢心而挥金如土。她说没看过海,想去看,奥里贝伊拉就为她挖了一个很大的人工湖,还建造了一艘能容纳 10 人的大帆船在水上划动,让她开心。此外,奥里贝伊拉还为她建造了奢华的宅邸,几乎每晚都举行晚宴或音乐会。

以米纳斯·吉拉斯为首巴西各地都出现了淘金热,从此之后巴西内陆也开始得到开发,给金矿地区供给食物的畜牧业也繁荣起来,并且随着经济的活跃,烟草和砂糖的产量也提高了。巴西的这段黄金时代在 18 世纪中期达到顶峰,之后开始衰退。同期,于 1706 年至 1750 年间统治葡萄牙的若昂五世成为了世界上最富裕的国王,葡萄牙也达到了鼎盛时期。

根据葡萄牙历史学家马格里昂艾斯·格迪里奥的研究,到 1703 年为止,从葡萄牙流向欧洲的黄金数量,远远超过葡萄牙人从西非运回本国的黄金以及 16 世纪中期西班牙人从美洲大陆运回本国的黄金总量。

金本位制的出现

黄金的流向

但是,从巴西运往葡萄牙的大量黄金到底去了哪里呢?

1701 年,巴伊亚总督唐·若昂·连卡斯特瑞在向里斯本的国王提呈的报告中表明,在新世纪之初,关于金矿开发的好消息一定能给祖国带来巨大的财富和繁荣。不过,同时他也写了以下内容:

仔细考虑一下的话,巴西黄金很有可能对葡萄牙不会有太大的帮助，就像美洲银对西班牙没起到什么作用一样。黄金一进入流经里斯本的塔霍河，很快就会被用来支付进口商品的费用，沿着同一条河流出西班牙，利润都被那些国家攫取了，我们反而会蒙受巨大损失。

连卡斯特瑞的担心后来成了事实。流入葡萄牙的黄金最终都从葡萄牙流失了。这些黄金被用作从欧洲各国购买商品的货款，有些还用于对亚洲贸易的资金。但实际上这些黄金大部分都落入英国人的手中。

如前所述，除了正式流入葡萄牙的黄金之外，通过走私流失的黄金也数量庞大。英国以及荷兰的商人在几内亚海岸进行奴隶贸易，获取了大量的黄金。他们不仅以昂贵的价格将奴隶卖到米纳斯·吉拉斯，而且还在大西洋上袭击掠夺将奴隶运往巴西的葡萄牙船只。

英国的三角贸易

英国人在17世纪后半期到18世纪，凭着在大西洋的奴隶贸易和加勒比海的砂糖生产以及出口，获得了巨额利润。所谓的三角贸易，就是英国人在布里斯托尔和利物浦装运杂货和武器运往西非，高价兜售给从事黑奴贸易的商人，然后再把买来的黑奴卖到加勒比海和巴西，这样来获得巨额利润。

在加勒比海，英法荷兰人都需要奴隶。当时，喝咖啡红茶的习惯刚刚在欧洲普及，对砂糖的需求量非常大，在加勒比海各岛屿的甘蔗栽培和砂糖生产迅速发展。甚至有历史学家指出，英国在三角贸易，特别是在砂糖贸易中获取的资金成为后来起始于18世纪的工业革命的原始资本。

总之，英国主要采取秘密贸易的形式，通过在大西洋展开的三角贸易活动，令巴西黄金大量流向英国。

而表面上流入葡萄牙的黄金也有一大半落入了英国人的手中。只要看一下当时的葡英关系就很容易理解其中的原委。葡萄牙王室在巴西获得了广阔的殖民地，一开始也希望能像西班牙那样维持垄断贸易体制，但未能确立西班牙那样的强有力体制，在

16～17世纪,其主要产品砂糖的运送不得不依靠荷兰船只,之后依靠英国船只来进行。并且,葡萄牙从很早开始就从英国大量进口纺织物等商品。

麦修恩条约对葡萄牙和英国的经济关系具有决定性意义,该条约是在西班牙王位继承战争期间(1701～1714年)签订的。关于通商,条约规定英国进口葡萄牙产葡萄酒的关税是法国产葡萄酒的三分之一,而葡萄牙则以优惠条件从英国进口毛纺织品,而之前那是禁止进口的品种。这个简单的规定决定了葡萄牙经济的命运。因为此条约,葡萄牙的毛纺织业遭到严重打击,不得不购买英国价廉物美的商品。葡萄牙是葡萄酒和橄榄油的供给国,这两种商品大部分出口英国,而英国则成为葡萄牙毛纺织品的主要供给国。并且,在贸易收支上,葡萄牙完全是赤字,这些赤字不得不靠从巴西运来的黄金和钻石来填补。

拉普拉塔地区的白银

除了巴西的黄金,英国还获得了拉普拉塔地区的白银。拉普拉塔地区也就是现在的阿根廷。在西班牙殖民统治初期,不容许与西班牙本土直接往来,只能通过巴拿马地峡和秘鲁间接交往。也就是说,拉普拉塔是一个偏僻地区。这里没有贵重金属,广阔的草原上居住着狩猎民族,是一个缺乏魅力的地方。但从17世纪末开始,这里作为皮革产地,其重要性有所提高。因此,布宜诺斯艾利斯也获得了发展。布宜诺斯艾利斯于1790年出口了150万张皮革,并且还出口了大量的腌牛肉。这里的繁荣引起了居住在巴西的葡萄牙人的关注,他们在拉普拉塔河左岸建设了港口克罗尼亚德尔萨克拉门托,从拉普拉塔地区走私皮革。葡萄牙的船只以及大批英国非法船只来到这个港口,那些船只满载英国商品到此地销售,然后低价买入草原的皮革。

葡萄牙与英国的贸易（1701～1750 年，年平均）

	葡萄牙所产葡萄酒		英国所产纺织品	
	对英国的出口额（1000 镑）	在葡萄牙对英国出口总额中所占比率（%）	对葡萄牙的出口额（1000 镑）	在英国对葡萄牙出口总额中所占比率（%）
1701～1705	173	71	430	71
1706～1710	170	71	463	71
1711～1715	217	86	488	77
1716～1720	288	83	555	80
1721～1725	326	84	620	76
1726～1730	302	84	729	80
1731～1735	287	88	744	73
1736～1740	263	87	871	75
1741～1745	367	86	882	79
1746～1750	275	85	848	76
合计	2668		6630	

葡萄牙对英国的贸易收支单位（1000 镑）

	向英国出口	从英国进口	收支
1701～1705	242	610	－368
1706～1710	240	652	－412
1711～1715	252	638	－386
1716～1720	349	695	－346
1721～1725	387	811	－424
1726～1730	359	914	－555
1731～1735	326	1024	－698
1736～1740	301	1164	－863
1741～1745	429	1115	－686

	向英国出口	从英国进口	收支
1746～1750	324	1114	−790
合计	3209	8737	

　　自从克罗尼亚成为拉普拉塔地区辽阔草原的出口港之后,面向当地城市的走私和黑市自然也繁荣起来了。同时,波托西银矿的白银通过走私流入到了布宜诺斯艾利斯,以布宜诺斯艾利斯为首的拉普拉塔人用这些白银购买从英国走私来的毛纺织品和其他物品。

　　这样,英国人成功获得这个地区的大半白银。英国人将巴西的黄金、拉普拉塔地区的白银、加勒比海的砂糖以及大西洋奴隶贸易的收益转投入到亚洲贸易中,以获取更多的利益。

英国对亚洲的贸易

　　英国介入亚洲贸易不仅比葡萄牙晚,甚至比荷兰都要晚。16世纪末,荷兰开始侵入由葡萄牙人所控制的亚洲根据地和贸易港口,当英国人到达亚洲时,荷兰已经将葡萄牙势力压制住,并以印度尼西亚的巴达维亚为据点,牢牢控制住了香料贸易和对日本的生丝贸易。

　　英国人开始关注香料贸易,并在爪哇岛的凡达设置交易所。但是,1623年在香料群岛的安汶岛上发生了荷兰人虐杀英国人的事件即安汶岛事件。遭受荷兰人压制的英国人便将注意力从东印度群岛转移到印度亚大陆,开始关注那里印度特产,即香料、印花布、棉纱等棉制品,靛蓝的燃料以及硝石等特产。

　　之前欧洲人不知道有这种棉制品,因而对这种新衣料十分关注。英国人大量进口棉布,将其作为普通百姓所用布料出售,获得了巨额利益。之后,随着棉花的进口,出现了纺织工业,众所周知,这与后来的工业革命有密切的关系。

　　此外,英国人也十分关注中国的茶叶。英国人带回的中国茶作为红茶在17世纪中期得以普及。18世纪,喝红茶在英国社会成为一种习惯,这同时又扩大了对砂糖的需求,成为加勒比海英国砂糖业繁荣的原因之一。

香料贸易毕竟是面向少数上流阶层的奢侈品贸易。但棉花、棉布、茶叶的消费者主要是中产阶级和一般劳动者,所以交易量很大。虽然荷兰在 18 世纪后半期终于意识这些物品利润更加丰厚,但为时已晚。

粗略地来看,英国人将在大西洋世界获得的大量金银投入到了亚洲贸易中,并获得了更大的利润。这里有一个比较明显的倾向,那就是在对印度的贸易中支付黄金,在对中国的贸易中支付白银。在对亚洲贸易中,贵重金属的流失对于英国来说当然也是一种负担。但英国在 18 世纪中期在大西洋世界储备的金银非常充足。19 世纪初期,由于英国在中国大量销售印度鸦片,中国白银开始流向英国。19 世纪中期,在澳大利亚又出现了淘金热,19 世纪90 年代南非的黄金产量也开始爆发式增长,英国就此成为了黄金储备大国。

英国的金本位制度

正因为积累了大量的黄金,在这样的背景之下,英国于 19 世纪开始实行金本位制。但在那之前,还有个很长的准备过程。

根据经济学教科书的定义,金本位制是指以黄金作为价值尺度,以一定量的黄金作为本位币的制度。该制度有以下几个条件:(1)金币的自由铸造,(2)黄金的自由溶解,(3)黄金在各国之间自由流通,(4)黄金的自由兑换,(5)生金和金币、银行券是等价关系。

到 17 世纪末,英国基本上具备了上述这些条件。就此而言,1694 年创建英格兰银行具有重要意义。虽然叫英格兰银行,但当时创建的英格兰银行和现在作为金融中心的英格兰银行性质完全不同,当时的金融是由黄金商个人运作。在 17 世纪,国际纷争不断,英国在海外迅速发展,仅仅依靠黄金商人的个人能力而无法应对的情况屡屡发生。

1672 年斯图亚特王朝复辟后,查尔斯二世宣布不履行债务,伦敦的黄金商人们因此破产,于是人们呼吁设立像荷兰阿姆斯特丹银行那样的国有银行。但是,设立英格兰银行的直接契机是国王要向英国商人们借 120 万英镑。商人们用 120 万英镑设立了股份制银行,然后再将资金全额贷给国王,每年收取 8% 的利息,另外收取 4 千英镑的手续费。之后,向股东们发行与贷款额相同的股票,这些股票可以流通,用于支付。

从理论上来说,这家银行只是临时机构,其特权只有 12 年,如果国王提前还清债务的话,可能不到 12 年就解散了。英格兰银行还接受存款,并经营抵押贷款。因此,英格兰银行取代了之前一直控制金融市场的黄金商人,成为官方的信用机构。

世界市场网

英格兰银行的设立非常合时宜。英国由于开展奴隶贸易和加勒比海的砂糖贸易,经济处于上升期,取代荷兰在世界通商中开始大显身手。并且,18 世纪初的西班牙王位继承战争结束之后,英国与西班牙签订了《乌德勒支和约》,因为西班牙的让步而获得了许多有利条件。不仅如此,如前所述,在这场战争期间,英国还同葡萄牙签订了《麦修恩条约》,结果几乎垄断了巴西的黄金,从西班牙获得了奴隶贸易权的认可,每年可以向西班牙属的美洲殖民地派遣贸易船,而之前那些地方原则上禁止对外贸易。

之后,英国又在对法国的殖民地争夺战中获得了胜利,逐步建起了世界市场网。英国为了维护其权益,拥有强大的海运实力。进入到 19 世纪后,英国为中南美各国的独立提供资金和支援,在各共和国以及巴西帝国成立之后,英国实质上就拥有支配这些国家经济的能力。

到了这个阶段,英国已经有充分理由正式实行金本位制度。1817 年 7 月发行了新货币索维林金币,价值相当于 20 先令。这种金币一直使用到第一次世界大战之前,流通了大约 1 个世纪,成为金本位制的象征。根据金本位制规定,一盎司黄金相当 3 英镑 17 先令 10.5 便士,黄金成为唯一的价值尺度。在金本位制下,货币和黄金完全是一种东西。

像这样,金本位制的确立经历了漫长的过程,在此无法逐一论及其发展过程。但从出发点来看,来自巴西的黄金具有重大意义,这一点是不能否定的。

淘金热

加利福尼亚的淘金热

金本位制确立以后,全世界都开始盛行探采黄金。世界上许多人都坚信"拥有黄金就拥有财富和权力",这种信念程度之强烈超过历史上任何一个时期,世界各地都呈现淘金热。

最初的淘金热发生在加利福尼亚。美墨战争(1846～1848 年)之后,加利福尼亚与新墨西哥州、亚利桑那州、内华达州以及犹他州一并被纳入美利坚合众国的版图。在签订终战条约 9 天前的 1848 年 1 月 24 日,人们在加利福利亚发现了黄金,随后出现了淘金热。

美国向墨西哥支付 1500 万美元,用作土地转让的补偿。但由于之后发生了淘金热,美国在两年间就获得了价值 4500 万美元的黄金,因此这对美国来说是一笔非常划算的交易。

在加利福尼亚淘金热中首先登场的是瑞士人约翰·奥古斯特·萨特。他出生于巴塞尔附近的农村,曾在法军近卫兵连队任职。1834 年,他在 31 岁时留下妻儿和大量债务只身跑到美国,之后他辗转于印第安纳、密苏里、俄勒冈、夏威夷、阿拉斯加等地,工作一直不顺利。

1838 年,萨特来到了当时还是西班牙领土的加利福尼亚。当时,那里基本没有什么欧洲移民。他向墨西哥的加利福尼亚总督租借了萨克拉门托河流域长达 90 公里的大片土地,在那里建设了新赫尔维蒂(瑞士)。1841 年,他又建设了萨特城堡,建立了自己的小王国。他让大量的当地原住民穿上了二手的俄国军装,充当自己王国的警卫队。

1846 年,加利福尼亚脱离了墨西哥,两年之后成为美国领土。萨特希望借此机会吸引更多移民,并期待出现建筑热,因此开办了一家木材工厂。他将工厂的建设委托给一个叫詹姆斯·威尔逊·马歇尔的人。此人某一天在木材加工厂工作时,发现了萨克拉门托河的河床上有闪闪发光的东西,并意识到那就是沙金。也有人认为最初发现沙金的并不是马歇尔,而是他女儿或者仆人,这些难以确定。

　　马歇尔试图将此事隐瞒起来,但消息不胫而走,人们从加利福尼亚各地蜂拥而至。萨特想要吸引更多移民的愿望瞬间就实现了,不免具有讽刺性。

　　圣弗朗西斯科和蒙特雷的住民们一下子蜂拥来到萨特的土地,随意搭起帐篷采集沙金。佣人丢下主人,不会干活的主人自己也来采沙金;士兵、船员也都脱岗而来,各家各户空无一人。传说到 8 月份,留在蒙特雷的只有市长和几个办事人员。

　　1848 年 8 月,当地有 1700 人在拼命寻找沙金。到了第二年春天,就有 1 万 7000 人通过海路从纽约来到加利福尼亚,当时有 8 万人试图从陆路穿过内华达山脉进入加利福尼亚,但最终到达加利福尼亚的人只有 3 万人。

加利福尼亚的发展

　　1850 年 6 月,加利福尼亚的总人口增长到 9 万 2560 人,是原先的 6 倍。而两年后的 1852 年 11 月又增长到 26 万 9000 人,1856 年人口达到 50 万人,其中有许多是从中国和欧洲来的移民。沙金的采集范围扩大到长 1200 千米、宽 112 千米的区域,产出了大量黄金。之后,由于在加利福尼亚又发现了水银矿山,黄金产量进一步增加。之后,人们还在格兰斯河谷、奥法城、马里波萨等地发现金矿。

　　在从 1848 年至 1856 年的 9 年间,加利福尼亚产出了 75 万2400 千克的黄金,按照当时汇率相当于 1 亿美元,其中有 8000 万美元流入到新奥尔良、纽约以及伦敦等地的市场。这些资金的一部分用来大量购买各类商品,每年有三四千艘船只的货物运往圣弗朗西斯科和蒙特雷。丰富的黄金致使物价腾贵,这与印加帝国被征服之后秘鲁的情形相似。

　　因为淘金热,美国西部开发一举实现,但萨特却十分潦倒。他的土地被淘金者践踏、占据甚至被夺取,他自己的王国梦想也破裂了。而且他儿子也沉迷于淘金,并事事与他作对。他提起了诉讼,但墨西哥时代所取得的土地所有权不被承认,最终法院作出了对他不利的判决,萨特失去了大部分土地。他于 1865 年离开加利福尼亚去了东部,要求联邦政府重新审理他的损害赔偿请求,仍以失败而告终。1880年,萨特结束了他失意的一生。

澳大利亚的淘金热

曾经用来流放英国罪犯的地方——澳大利亚也出现了淘金热。

很早就有传言澳大利亚有黄金。1814年,一个带着枷锁在进行道路施工的囚犯发现了一个小金块,但谁也不相信他,认为他一定是把偷来的手表或者黄金工艺品熔化铸成的金块,最后他被强加了这样一个莫须有的罪名遭到鞭笞。

在19世纪20年代,时而也会发现黄金。19世纪40年代,波兰探险家保罗·修特鲁柴莱茨基发现了含黄金的石英矿床,但澳大利亚的殖民政府怕引起淘金热封锁了该消息。

1844年,地质学家罗德里克·麦奇生(1792～1871年)在伦敦的地质学会上指出澳大利亚山地的地质状况与黄金产地俄国的乌拉尔山脉非常相像。两年之后,一个叫克拉克的探矿者在澳大利亚东南部的巴瑟斯特山区发现了一些金块。虽然殖民政府依然不想公开这个信息,但随着1848年在加利福利亚出现淘金热,最后殖民政府不得不公开在澳大利亚也有黄金的消息。

1851年,一个曾在加利福利亚淘金的移民在澳大利亚蓝山地区的夏山发现了黄金。之后,他又在麦考瑞河流域有了同样发现。于是,在澳大利亚也发生了同美国一样的淘金热。在数周的时间内,就有数千名探矿者来到这个地方,据说墨尔本只剩下一个警察。维多利亚州的人口在1851年之后的10年间由7万增至54万人。在1852年,仅从英国就有约40万移民到此。

在1851年到1856年的6年间,澳大利亚产出约50万千克黄金,其中大部分都从墨尔本出口到国外。

在澳大利亚黄金的刺激下,东面的新西兰岛也开始了黄金的探采。1852年,在奥克兰市东面大约100公里处的科罗曼德尔半岛发现了大量黄金。4年后,在西港附近的河流中也发现了黄金,淘金者同样纷涌而至。

俄国的黄金

在 1826 年,俄国的黄金年生产量只有 3800 千克,到 1848 年猛增至 2 万 7000 千克,之后一直到 1856 年都保持这个生产量。在西伯利亚,由于黄金的开采被政府管理的民间企业严格控制,并且主要以被流放的犯人为劳动力,因而没能像加利福利亚和澳大利亚那样出现淘金热。劳动者的报酬非常低,生活条件也很恶劣,并且没有采取任何有效的改善措施。当地劳动者曾经举行罢工要求改善劳动条件,但最终遭到俄国皇帝的镇压,有 5 千人遇难。

从全世界范围来看,1848 年到 1856 年的黄金产量如下:非洲 15 万 3000 千克,加利福尼亚除外的美洲 13 万 8000 千克,亚洲为 10 万 8000 千克,欧洲为 2 万千克。但是,这些加起来尚不足世界黄金总产量的四分之一。由此可见,在加利福尼亚和澳大利亚发现黄金具有多么重大的意义。

世界的黄金产量直到 1860 年一直持续上升,之后开始呈缓慢的下降曲线。但是,19 世纪 90 年代又出现了新的淘金热,黄金产量因此再次上升。

新淘金热

首先是 1890 年在美国科罗拉多州的克里普尔溪发现黄金,然后是 1898 年在阿拉斯加发现黄金,并于 1900 年至 1906 年产出了大量黄金。

在加拿大的育空河流域的克卢恩沟地区,从 1886 年起就开始传言有黄金。在 1896 年,终于出现了可与加利福利亚匹敌的淘金热,3 万采矿者蜂拥而至,他们在北极山地南北探索。之后,道森市成为淘金热中的新兴城市,从 1896 年到 1900 年共出产了 135 万盎司的黄金(1 盎司为 1/12 磅,约 31.103 克),相当于 2800 万美元。之后,克卢恩沟的黄金产量下降,但由于在西部的不列颠哥伦比亚州和哈德孙湾也发现了黄金,加拿大在 20 世纪初成为世界第三大黄金产出国。

在南非,从 19 世纪 80 年代初就开始探寻黄金。之后,在金伯利钻石矿山的刺激下,黄金的勘探开始盛行,1883 年在威特沃特斯兰德发现金矿,1885 年修多鲁本兄弟向库鲁卡大总统展示了黄金样本。在之后的 1886 年,在约翰内斯堡附近发现了金矿,以此为契机出现了淘金热,约翰内斯堡也因此成为大都市。

1890 年南非的黄金产量只有 44 万盎司,但到了 1899 年就增至 363 万 8000 盎司,现在南非仍然是世界最大的黄金出产国。顺便提一下,1974 年南非的黄金产量为 729 吨(2344 万盎司),是当时世界第二位前苏联的两倍多,前苏联当年的产量为 321 吨(1032 万1000 盎司)。

根据皮埃尔·维拉尔的研究,从 18 世纪中期到 20 世纪初,全世界的总黄金产量如下表所示。所显示的是每十年的平均产量,作为参考同时也附上了白银产量。单位为 1000 盎司,也就是31.103 千克。

年代	金	银
1741～1760	791	17100
1761～1780	665	21000
1781～1800	572	28300
1801～1810	572	28300
1811～1820	368	17400
1821～1830	457	14800
1831～1840	652	19200
1841～1850	1762	25000
1851～1860	6313	26500
1861～1870	6108	39000
1871～1880	5472	66800
1881～1890	5200	97200
1891～1900	10165	161400
1901～1910	18279	182600

终章　现代的黄金

围绕金本位制

金本位制从 1816 年到 1914 年，大约持续了 1 个世纪。英国最先采用这种制度，之后，德国在 1872 年，荷兰在 1874 年，法国在1878 年，美国在 1879 年，澳大利亚在 1892 年，日本与俄国在 1897年也相继采用金本位制，只有中国依然维持银本位制。

英国成为世界贸易的中心，是因为由金本位制所支撑的英镑拥有绝对的信用，控制着世界的贸易。但英国根本就没有与贸易总额相称的黄金储备，但使用由那种信用所支撑的英镑票据基本上可以用于世界贸易的结算，因此没有出现大的问题。

英国对世界市场的支配是以海运实力为背景的，但后来英国被德美这些后来者赶超上了。在第一次世界大战中，英国的生产力以及经济实力大幅度下降，金本位制很快出现了动摇。

在第一次世界大战中，金本位制暂时停止了。战后虽有望恢复，但已不可能回到战前体制。因此，在 1922 年的热那亚会议上确定了黄金兑换本位制。这种制度规定金币不在国内流通，但本位币仍是黄金。将黄金以及黄金兑换用作中央银行货币发行储备的一部分，黄金兑换本位制归根结底是以恢复金本位制为目的，但由于战后各种原因，实施起来并不顺利。

1929 年爆发的世界经济危机给金本位制带来了致命的一击。受各国发生的金融危机的影响，英国于 1931 年 9 月 21 日停止了英镑与黄金的兑换，美国也在 1933 年 4 月事实上脱离了金本位制。

第二次世界大战后的 IMF 体制即所谓布雷顿森林体制正式承

认美元取代英镑成为国际通用货币。当时，作为稳定美元价值的条件，也被要求以黄金储备为前提，以 1 盎司兑换 35 美元为条件。

尼克松冲击

但是，后来的美国国际收支出现赤字，对外美元债务增加，而且黄金储备持续减少，出现了各种各样的问题。虽然出台了许多对策，但都收效甚微。1971 年美国的贸易赤字超过 100 亿美元，美元债务超过黄金储备 3 倍。因此，尼克松总统于 1971 年 8 月 15 日宣布美国停止美元与黄金的兑换，这就是所谓的"尼克松冲击"。以此为契机，黄金与作为国际货币的美元按 1 盎司兑换 35 美元这一前提瓦解，IMF 体制也随之瓦解了。

在之后的会议上，美元与黄金的兑换比率由 1 盎司兑换 35 美元调整为 1 盎司兑换 38 美元，另外主要国家的货币也分别调高了汇率，这就是所谓的史密森协议。例如，日元对美元的汇率由原来的 1 美元兑换 360 元变成 1 美元兑换 308 日元。

即便这样，美元与黄金的兑换也没有恢复。IMF 体制是以黄金储备作担保的，但作为纸币的美元信用不佳，因此协定在一年之后便开始动摇。1973 年 2 月 13 日，美国再次下调美元汇率，从 1 盎司兑换 38 美元下调至 42.22 美元。

这样一来，世界货币不得不采取浮动汇率制，这种状况一直持续到现在。而且，美元与黄金的兑换也就无法恢复了，因此金价开始由市场决定。而且在 1970 年以后，金价因为世界上各种经济形势的影响发生了很大的波动。

美国在 1971 年 8 月停止美元与黄金兑换以后，金价上涨，两年后超过了 1 盎司兑换 1 百美元。另外，石油价格的上涨也与金价联动。随着 1979 年石油价格急速上升，金价也上涨，1 盎司超过 360 美元。

20 世纪 80 年代是黄金恐慌的时代。1980 年 1 月 21 日，1 盎司高达 850 美元，当时有人预测会涨到 1 盎司 1 千美元以上。但恐慌结束之后，由于美国上调利率，金价暴跌。之后，美国利率下调，金价又转为上涨。就在那一年的 6 月，1 盎司超过 600 美元，而在

黄金价格的变迁

1974年以后（月平均值）

图 39　黄金价格（1974～2009 年）

两伊战争爆发的 9 月，上涨至 1 盎司 720 美元。但到了同年秋天，又跌破 1 盎司 500 美元。到 1981 年，由于美元利率上调，金价进一步下跌。

20 世纪 90 年代，金价一直在 1 盎司 400 美元上下浮动。进入 21 世纪之后，金价转为上涨，在 2010 年当时超过 1 盎司 1300 美元。金价上涨的原因，除了美元利率以及石油价格的变动以外，还有黄金投机。另外，黄金产量的变动以及各国央行放出的黄金数量等因素也会对金价产生影响。在出现通货膨胀倾向时，因为黄金保值会受到追捧，价格也会上升，黄金作为商品，其价格上涨率总是超过物价的上涨率，是一种保值商品。

回顾黄金的历史

从黄金悠久的历史来看，1816 年至 1914 年大约持续了 1 个世纪的金本位制时代的确显得有些特异。

在经济学领域，有人主张货币是从商品货币到金属货币、信用货币的进化过程。商品货币是指将贝壳、布料等原本是商品的东西用作货币。最早的金属货币是吕底亚，关于这一点已经在前文中提及过了。但纵观金属货币时代，作为货币大显身手的却不是金而是银和铜。当然也有过金币，但那是高额货币，往往被用于积蓄财富、夸耀社会威望，以及用于赠答、进贡等特殊目的。

金本位制是将黄金作为绝对标准固定的特殊时代的产物，尽管黄金不是那样绝对标准，但它一直起着某种价值标准的作用，那种价值标准是由各个时代的历史状况所规定的。

黄金不可思议的力量

黄金不仅仅是经济价值的标准。黄金不会腐蚀，那象征着永恒。因此，在人们看来，黄金在它那厚重的色感中隐藏着超越经济价值的某种神秘魅力。黄金的那种魅力一直提升着黄金在人们心目中的地位。今后，不论信用货币多么发达，黄金也不会失去它的价值。而且，黄金具有动摇经济和社会的力量。

凯恩斯曾经指出："阿拉伯的金以及非洲的铜是否曾对苏美尔以及埃及的经济产生过刺激？雅典之所以伟大，是不是因为有劳雷恩银矿？波斯帝国获得东方各地长期积累的贵重金属，亚历山大大帝将秘藏的贵重金属扩散，那是不是促进了地中海沿岸经济的发展，形成了迦太基与罗马争霸的历史？罗马灭亡是不是因为长期严重通货紧缩？欧洲中世纪长期停滞，是不是因为贵重金属极度匮乏？是不是威廉·菲利普斯对光荣革命产生了极大的影响，因为他曾从沉没在加勒比海中的西班牙船只中打捞出了金银财宝。从这样的角度来重新写经济史，想必是一件非常有吸引力的事情。"

其实，凯恩斯提出的是这样的一个问题，即在历史上，金与银掌握在哪里，哪里就繁荣，权力就集中在哪里。

凯恩斯之所以提出这一问题，因为他自身确信就是那样。根据关于菲利普斯的栏外注，他曾经断定：1688 年从沉没在加勒比海中的西班牙船只中打捞出价值 25 至 30 万英镑的金银财宝，使出资人获得了 1 百倍的红利。以该事件为契机，在 1692～1695 年出现了股份交换热，那成为创设英格兰银行的契机。

20 世纪关于黄金的逸闻也有很多，其中在始于 1936 年的西班牙内战中,苏联与西班牙共和国之间的交易就非常有意思。西班牙从斯大林统治下的苏联获得了军用物资的补给,但那是有偿的。当时,西班牙没有外币储备,而自己国家的货币又与废纸无异。因此,斯大林盯上了储存在西班牙央行地下室中的黄金。西班牙是世界上第五大黄金保有国,在西班牙内战中,经过财政部长内格林的许可,黄金被悉数搬出,从巴塞罗那港口运往苏联。据称斯大林把在克里米亚战争中使用过的老式大炮都卖给了西班牙,可见那对苏联而言是一种非常有利的交易。苏联人吹嘘到了共产主义社会,黄金顶多只能用来装饰卫生间,但现实并不是那样。

再说一个例子。第二次世界大战后,苏联农业陷入长期萧条。每次发生饥馑,苏联就把乌拉尔出产的黄金拿到伦敦市场去卖,以换取外币,用于从加拿大以及阿根廷购买小麦。

黄金能成为经济价值的标准,也可以成为商品,同时又具有超越经济利益的极大魅力。虽然那种魅力很难用语言表述,但那的确能刺激人们的占有欲望,甚至还具有搅乱政治社会的魔力。正因为如此,人们才会对黄金那么执着。300 年前,井原西鹤就曾经指出:"不限于士农工商、出家、神职,终究皆听任大明神之托宣,宜储备金银,此乃重生父母也。"(日本永代藏)

学术文库版后记

　　日前有机会看到一本美术书《拉塔纳科辛的金器》，该书收录了泰国王室拉塔纳科辛时代制作的黄金工艺品彩照。其数量之庞大令人惊叹，每件工艺品上都有精致的图案，其中有许多镶嵌了宝石，造型非常优美。

　　看到那些工艺品，我再次感到东南亚世界不仅黄金丰富，而且拥有将黄金加工成出色美术品的优美感性以及高超技艺。

　　当然，世界上任何地方都有黄金工艺，在巴黎以及纽约的画廊中陈列着工艺精湛、熠熠生辉的黄金饰品。但与之相比，拉塔纳科辛的黄金工艺品显得落落大方，丝毫没有做作的感觉。那些工艺品用纤细的手法表现在日常生活中随处可见的植物图案，以及柔和的佛像。

　　就黄金而言，东南亚、南亚与其他地区相比环境更加特别。正如在正文中指出过的那样，自古以来，从中东、地中海世界、东西非洲、中国以及日本流入黄金和沙金，那用来购买香料、药草等印度洋和东南亚的珍稀物产，因为当地要求支付贵重金属，特别是支付黄金。

　　因此，中东的古代帝国以及之后取而代之的罗马帝国、伊斯兰各国，它们将通过战争与掠夺积累起来的金银的相当部分带到印度洋以及阿拉伯海地区。罗马帝国到了末期，贵重金属匮乏，遭遇了严重的通货膨胀。这一点也广为人知。罗马帝国以后的西欧各王国一直匮乏黄金，因此中世纪末期欧洲各王室不顾一切地追求黄金，这也不难理解。

　　从古代到中世纪，政治上的霸者一定都会追求黄金。亚历山大大帝掠夺了波斯帝国的金银财宝，伊斯兰教徒挖掘埃及的王墓，并将基督教堂里的黄金撬下来，用掠来的黄金炫耀自己的权势。但为什么黄金会那么受到人们的追捧呢？

首先是因为黄金稀缺，且具有经济价值。黄金具有其它物质所没有的特点，永远不会生锈，不会腐蚀，柔软而有韧性，可以加工成薄薄的金箔。黄金闪闪发光且不失深沉，金色就是太阳的颜色。因此，人们觉得黄金神圣，具有超越时代的永恒性。它作为一种神秘的特殊物质受到人们的推崇。

即使这样来解释，也很难说清楚黄金的特性以及神秘魅力的根源。弗洛伊德指出：黄金能满足人们深层潜意识中的本能，成为一种象征。他又说：在人的无意识的深层潜藏着本能活动的源泉。在弗洛伊德看来，本能活动构成自我的基础，本我掌控着自我，有时发挥凶暴的力量，有时让人施暴或者鲁莽行事。人们对于黄金不懈的执著以及为了争夺黄金而疯狂，或许就是被意识深层所掌控的缘故。

与黄金联动的金本位制已经退出历史舞台，这一点无需赘言。但试图以黄金为支柱来管理世界货币的想法依然根深蒂固。第二次世界大战后的 IMF 体制规定 1 盎司兑换 35 美元，试图以美元取代英镑，使之成为通货变动的基准。但是，那种设想很快就瓦解了，最终招致了尼克松冲击。之后，通过史密森协议形成了新汇率。但在一年之后，那再次动摇。自那以后，黄金价格就由市场决定。1976 年，最终价格为 1 盎司 103.05 美元，当时有人悲观地预测会跌破 1 百美元。但出乎意料的是，在伊朗占领德黑兰美国使馆、苏联出兵阿富汗以后，在 1980 年 11 月，伦敦市场黄金最高价格达到 1 盎司 850 美元。那又引发了人们对黄金的执著，使金本位制复活论抬头，连美国国会也展开了激烈的讨论。

那之后伦敦市场的金价一直在 1 盎司 400 美元上下浮动。进入 21 世纪以后，先后发生了伊拉克战争、次贷危机、希腊财政危机等世界性事件。受此影响，金价再次暴涨，进而在 2010 年 9 月 24 日的纽约市场，涨到 1 盎司 1300 美元，创下了市场最高值。看来，最终只有黄金可靠。即使已不能像以往那样与纸币兑换，但没有了黄金储备的美元以及欧元非常脆弱，这不能不让人感觉黄金的巨大魔力。

增田义郎

2010 年 7 月 24 日

译者后记

本书由彭曦、唐菊媛、戚胜蓝合译，具体分工如下：

彭曦：序言、第一章、第二章、终章、学术文库版后记

唐菊媛：第三章、第四章

戚胜蓝：第五章、第六章

唐菊媛、戚胜蓝为南京大学日语系 MTI（翻译硕士）笔译方向2012 级学生，已于 2015 年 6 月顺利获得翻译硕士学位，本书是两人翻译实践的一部分。彭曦校译了唐菊媛、戚胜蓝两人所译部分。不当之处，恳请各位读者批评指正。

2016 年 7 月　于宝华山麓

黄金的世界史

图书在版编目(CIP)数据

黄金的世界史/(日)增田义郎著;彭曦,唐菊媛,
威胜蓝译. —南京:南京大学出版社,2016.10
(阅读日本书系)
ISBN 978-7-305-17627-2

Ⅰ.①黄… Ⅱ.①增…②彭…③唐…④威…
Ⅲ.①黄金(货币)-货币史-世界-通俗读物
Ⅳ.①F821.9-49

中国版本图书馆 CIP 数据核字(2016)第 233556 号

出版发行 南京大学出版社
社 址 南京市汉口路 22 号 邮 编 210093
出 版 人 金鑫荣

丛 书 名 阅读日本书系
书 名 **黄金的世界史**
著 者 增田义郎
译 者 彭曦 唐菊媛 威胜蓝
责任编辑 田 雁 编辑热线 025-83596027

照 排 南京紫藤制版印务中心
印 刷 南京爱德印刷有限公司
开 本 787×1092 1/20 印张 7.5 字数 130 千
版 次 2016 年 10 月第 1 版 2016 年 10 月第 1 次印刷
ISBN 978-7-305-17627-2
定 价 28.00 元

网 址 http://www.njupco.com
官方微博 http://weibo.com/njupco
官方微信 njupress
销售热线 (025)83594756